質的社会研究シリーズ
10
■シリーズ編集
江原 由美子
木下 康仁
山崎 敬一

結婚移民の語りを聞く

長谷部美佳＝著

インドシナ難民家族の国際移動とは

ハーベスト社

質的社会研究シリーズの刊行に寄せて

　現在、質的研究は、社会学、心理学、教育学、人類学といった社会科学の領域だけでなく、認知科学や情報工学やロボティクスといった自然科学や工学の領域にも広がっている。また特に、福祉、看護、医療といった実践的な領域では、質的研究のブームともいえるような現象が生まれている。

　このような、「質的研究の新時代」といわれる、質的研究の様々な領域における同時発生的な興隆は、いったいどうして生じたのであろうか。その一つの理由は、質的な研究に関して、様々な領域において共通する新たな固有の研究課題や方法的な課題が生じたからである。従来、質的な研究は、量的な研究との対比において、その意味を保ってきた。例えば、従来の社会学的調査法においては、質的研究は、データを多く集め統計的な手法で分析する「量的研究」に対する「個別事例的な研究」として位置づけられた。そして、それによって、質的研究は、「量的研究」や「統計的研究」に対する残余的カテゴリーにおかれた。そこでは、様々な異質な研究が、「量的でないもの」「統計的ではないもの」として集められ、質的という共通のレッテルを貼られることになった。そのような状況では、質的研究に共通する研究課題や方法論的課題を見つけ出す試みには、大きな力が注がれなかった。なぜならそれはすでに、「量的でない」ということでの共通性をもってしまっていたからである。

　しかし、現在の「質的研究」は、大きく変わってきている。それは、「質的研究」に様々な領域で様々な方法でアプローチする研究者たちに、共通した研究の課題や方法論的課題が生まれたからである。様々な分野の研究者たちが、単に個々の現象を見ただけではわからない、定型性や定常性が、現象を集め、それを詳細にみることで発見できることに気づいていった。だが、同時に、様々な分野の研究者たちが、集められた個々の現象が、それぞれのおかれた状況と深く結びついており、それを単に数値的に処理する

だけではその現象の性格自体を見失ってしまうということにも気づいていった。研究者たちは、集められた現象のなかに定型性や定常性を発見するという研究課題と、それをどう発見し状況依存性の問題についてどう考えるかという方法論的な課題をもつことになった。これによって、質的研究は、固有の研究課題と方法論的な課題をもつことになったのである。

　エスノメソドロジー、会話分析、相互行為分析、言説分析、グラウンデッド・セオリー、構築主義、質的心理学、ナラティヴ・アプローチという、現代の質的研究の方法は、みな質的研究に固有の研究課題と方法論的な課題を共有している。

　こうした現在の質的研究は、次の三つの特徴を持っている。第一の特徴は、人々が生きて生活している現場の文脈や状況の重視である。第二の特徴は、ことばと結びついた相互行為の仕組み自体を明らかにしようとする点である。第三の特徴は、それによって、従来の質的研究を担っていた社会科学者と、現代社会におけるコミュニケーションや相互行為の質の問題に関心をもつ医療・ケア・教育の現場の実践的専門家や、インタラクション支援システムを設計する情報工学者との新たな連携が生まれた点である。

　このシリーズは、2000年代になってから学問横断的に勃興してきた「質的研究の新時代」に呼応したものである。しかし同時に、この質的社会研究シリーズでは、様々な現場の状況に深く切り込む、モノグラフ的研究も取り上げてゆきたいと思う。そうした個別状況に切り込む研究がなければ、それぞれの現実や状況がどのように互いに対応しているかを見るすべがないからである。それぞれの状況を詳細にかつ深く知ることによってはじめて、それぞれの状況の固有性と、それぞれの状況を越えた定型性を発見することができるのである。

　このシリーズでは、具体的な状況に深く切り込みながらも、現代の質的研究の方法論的課題に取り組んだ研究を、特に取り上げてゆきたい。

シリーズ編者を代表して　山崎　敬一

目　次

　私がはじめて日本に住むカンボジア出身の女性カート[1]に会ったのは、2003年8月のことだった。神奈川県のとある県営団地に隣接する小学校内のコミュニティハウスで行われている、日本語教室がその場所だった。彼女は、教室に参加する若者の熱気とは対照的に、やや疲れた感じで笑顔を見せることもなかった。彼女はこのとき2人の子どもを連れていた。1人は9歳の小さな女の子、もう1人は生まれてまだ7カ月という男の子だった。聞けば、彼女が来日したのはその前年2002年のことだという。彼女と私が出会った時点で、来日後1年以上が経っていたにも関わらず、彼女はほとんど日本語が話せなかった。無理もないだろう。来日直後に妊娠・出産し、今に至っているのだ。日本でほとんど他の人との関わりもなく、家の外に出ることもない。連れてきた9歳の娘とまだ生まれて間もない乳児の息子を2人抱えて、じっと暮らしているのだろう。日本語の話せないカートに代わって、母と一緒に9歳で来日した小さな娘が、小学校に入ったばかりで覚えた日本語を使って、母の通訳をしていた。

　やがて、カートの来日の背景がわかった。彼女は、日本に先に住んでいたカンボジア人男性である夫と一緒に住むために日本にやってきたのだ。その話を聞いたとき、私の頭に一つの話が浮かんだ。カンボジアの内戦で離れ離れにならざるを得なかった夫婦が、ようやく日本で再会できたという感動の物語だ。いわゆる「家族の再結合」だ。しかし、9歳になるカートの娘から話を聞く限り、つじつまの合わないことが多すぎた。私が聞いたときに、カートは36歳だと言っていた。しかしカートの娘から話を聞くと、自分にはお兄さんがいるという。そしてそのお兄さんの年齢は25

9

歳だというのだ。さらにそのほかにも、お兄さんが何人かいて、お姉さん
もいるという。いくらなんでも、36歳の女性に25歳の息子はいないだろ
うと、不思議に思いつつ、カートの娘と話を続けた。すると、カートの
母親と、日本にいたカンボジア人男性は、再婚同士だったことがわかった。
カートの母は、カンボジアにいる時に結婚し、娘を産んだ。それが9歳で
私と話をしている子だ。カートはこの子を産んだ後、離婚をした。その後、
縁あって日本にいるカンボジア人男性と知り合った彼女は、カンボジアか
ら娘を連れて、その男性と再婚した。再婚相手の男性には、すでに成人し
た子どもが何人かいた。こうして、新しく母の夫となった男性の成人した
子どもたちを、カートの9歳の娘は「お兄ちゃん」と呼んでいたのだ。

　私がフィールド調査に初めて入ったこの場所で、最初に出会ったのがカー
トだった。私はカートと出会う前年の2002年7月から10カ月間、カン
ボジアに滞在していた。その時、私が日本人だとわかると、自分の親戚が
日本に住んでいると写真を見せてくれたカンボジア人がいた。その写真は
結婚式の写真だった。その写真を見たときは特に何も思わなかったが、帰
国後、その話を思い出した。カンボジア人が日本に住んでいるとはどうい
うことか？　しかも、なぜそれは結婚式の写真だったのか？　その時、す
ぐに思い出したことがあった。カンボジアに発つ以前に参加した調査でわ
かったことだが、神奈川県の県営住宅にはカンボジア人が集住していると
いうことだった。そこで神奈川県の県営住宅の近くで活動しているNGO
の代表に連絡してみた。そして、しばらくボランティアを通して調査をさ
せてもらうことにした。そこで初めて出会ったのがカートだというわけだ。

　ここでボランティアを続けていると、後から後から立て続けにカートと
同じような女性に会った。カンボジア人女性ばかりではなかった。カート
と同じように結婚を機に日本にやってきている、ベトナム人女性も多かっ
た。数からすれば、カンボジア人女性よりも圧倒的のベトナム人女性の方
が多かった。ただし、カンボジア人女性にもベトナム人女性にも共通し
ていたのは、20代前半から30代半ばまでの女性で、来日したのはだいた
い1990年代後半から2000年以降、ということだ。カートと同じように

来日して比較的短い間に妊娠・出産を迎え、来日と出産・育児がほぼ同時期に行われるため、日本語をきちんと習得する間がない。たとえ勉強する機会があっても、継続して勉強できるわけではない。結果として女性たちの多くは、日本語でのコミュニケーション能力に乏しいことになる。さらにこれもカートと同じだが、彼女たちは、夫となる男性たちと本国で結婚生活を送ってはいない。もちろん、結婚そのものは、たとえ２日でも３日でも夫となる男性が本国へ一時帰国し、結婚式をして法的な手続きを済ませる場合が多い。だからこそ、彼女たちは夫の「妻」として日本に来られるのである。しかし、それは本国を出発する前に、長期的に婚姻関係があることを意味しない。つまり来日前に彼女たちは夫との結婚生活を送ったことはないのである。こうした女性たちが、後から後からやって来ていた。この県営住宅に在住するベトナムやカンボジアの世帯が250世帯ほどだとすれば、５世帯に１世帯くらいの割合で、新しい女性を妻として迎えているのではないだろうか。

　カートや彼女と似たような境遇の女性たちとの出会いは、私にとっては衝撃的だった。ほとんど日本語が理解できない彼女たちは、日本語でのコミュニケーションができないので、その行動範囲はただでさえ限定される。それにも関わらず、大人と同じように行動することは難しい小学生の子どもをカンボジアから連れてきて世話をしなければならない。その上に新たに乳飲み子を抱えているのだ。カートの行動は、私の眼にはまるで自分の自由を自ら進んで縛るかのように映った。右も左もわからない日本で、夫が出て行ってしまえば、彼女たちはたった一人、乳飲み子たちと、狭い自宅で向き合わなければならない。さらに驚くことに、自分の自由を縛っているかのようにしてまで彼女たちが共に暮らそうとするその男性と彼女たちの間には、日本に来る前に婚姻生活はない。ようやく再会できた夫と日本で生活したい、という強い動機を、彼女たちは持つことはないはずだ。それならばなぜ、自分が生活上の不自由さを抱えるような状況をもたらす日本に、わざわざ一度や二度しか会ったことのない男性と結婚するために来るのだろう？

　この問いについての答えの道筋を考える前に、まず彼女たちがどういう状況にあるのか、つまり、いつ頃から女性たちは日本に来るようになったのか、そしてどのような資格で日本に入って来るのかなどの背景を簡単に述べてみたい。

0.2.1　インドシナ難民家族の増加

　彼女たちがいつ頃から日本に来るようになったのか、統計的に明確にこたえるのは、実は難しい。カートのようなカンボジア人女性やベトナム人女性は、すでに日本に在住するインドシナ難民[2]の男性の妻として来日している。だが、在留外国人統計や、出入国に関する統計からは、どの人が難民で、どの人が難民の家族であるかを特定することができない。1990年の出入国管理及び難民認定法（以下入管法）改正以降、インドシナ難民には「定住者」という資格が入国に際して与えられるようになったが、この資格は難民の家族としてやってくる人にも与えられている。インドシナ難民の出身国のベトナム、ラオス、カンボジアから日本に「定住者」の資格[3]で入国できる人たちは、難民かその家族であることは間違いない。そこで、インドシナ難民の定住を促進するための組織が公表している定住許可者数と、法務省が統計を取っている外国人の新規入国者数から、女性たちの入国の傾向を推測してみたい。

　図0-1は、アジア教育福祉財団難民事業本部が公表している、1978年から2005年までのインドシナ難民の定住許可者数[4]の変遷である。このグラフを見ると、最も定住許可者数が多かったのは1981年で、その次が1984年だ。1981年が1200件前後、1984年が1000件弱というところだ。実際1980年代は総じて500件かそれ以上の人たちに、定住許可がなされている。また1990年から92年にかけても定住許可定者数が700件を超えており、1980年代前半と1990年代前半が、定住許可者数のピークだと言える。その後、1995年に前年比約半分に減少し、1996年も半分近くに

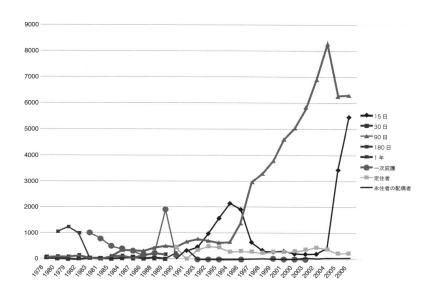

図 Ø-1. インドシナ難民の定住許可者数の推移
出典）アジア教育福祉財団難民事業本部ホームページより筆者作成。

減少している。

　一方で、図Ø-2〜4は、ベトナム、カンボジア、ラオスの3カ国からの新規入国者の推移である。

　3カ国の新規入国者の推移には若干の差がみられるものの、大きな流れのパターンは似通っている。どの国からの新規入国者数も、1980年代前半に大幅に増加し、その後1990年代前半にもやはり増加がみられる。この流れは、おおむね定住許可者数の推移とオーバーラップしており、この時期に3カ国から新規に入国している人は、難民として入国した人であると考えられる。

　しかし、注目すべきはその後の推移である。定住許可者数は、1995年を境に急減しているのに対し、日本に新規入国する人の数は、1995年を境に急増している。それは3カ国すべてにみられる傾向だ。実際、1995年以前に入国している人たちの在留資格を見ると、カンボジア、ラオスか

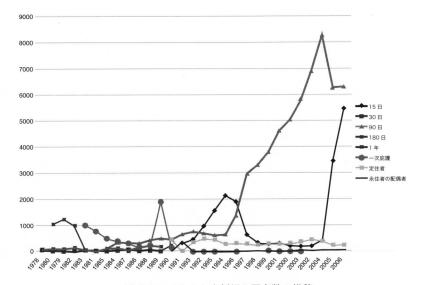

図 Ø-2. ベトナム人新規入国者数の推移

出典）法務省出入国管理白書より筆者作成。

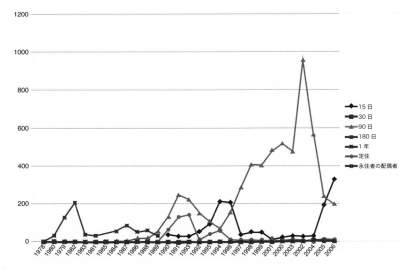

図 Ø-3. カンボジア人の新規入国者数の推移

出典）法務省出入国管理白書より筆者作成。

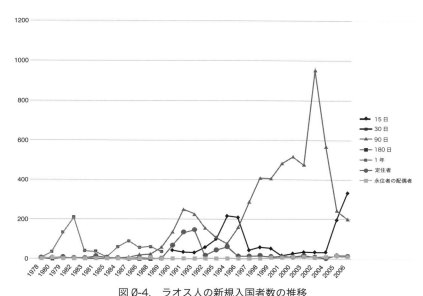

図 0-4. ラオス人の新規入国者数の推移

出典）法務省出入国管理白書より筆者作成。

らの入国者は「１年」という在留資格（1990年以降は定住者も増加）、ベトナ
ムからの入国者は、唯一のボート・ピープルを生み出している国という背
景から、「一時庇護」という資格と、「180日」という資格で入国している人
が多い。しかし1995年以降は、短期滞在の「90日」という資格での入国
が、それ以外の入国者の数を圧倒している。8〜10倍にさえなっている
場合がある。

　この「短期滞在90日」という資格は、その多くがいわゆる観光で来る旅
行者に発給されるものである。しかし、一般的に途上国の人たちが、この
資格を取得するのは至難の業である。一方、同じ「短期滞在90日」には親
族訪問も含まれる。この親族訪問とは、日本にだれか親族が住んでいて、
その親族が、入国する人の滞在に関する経済的な保証をする場合に、入国
希望者の入国が認められるというものである。当然インドシナの人たちが
利用するのは、この親族訪問である。親族訪問は、確かに親族の保障がな
い限り入国できないので、何らかの形で親族が日本にいて、その親族に合

う目的である人であることは間違いない。ただし90日といえば、女性たちが親族を頼って日本に来て、親族から夫になる人を紹介されて、お付き合いをするのには十分な時間である。実際、おばに呼ばれて日本に遊びに来て夫を紹介されたという女性にも会った。この親族訪問を利用することで、日本にいる難民たちと本国にいる女性たちが結び付けられることになる。

とすれば、1995年以降定住許可者数が急減しているのに対し親族訪問で入国する人が急増しているという事実から、この時期あたりから日本に入国する3カ国出身者が「難民」ではなく「難民の家族」へとシフトしていると考えられる。カートのように、結婚をするために日本に来日する女性たちが増えるのは、1995年以降と言っていいだろう。

0.2.2 インドシナ難民の在留資格とその家族

結婚をするために日本に来る女性たちの増加は、1995年以降と指摘した。彼女たちが日本に「家族」として来日できるのは、その夫たちの在留資格と大きく関係がある。そこで、以下では「インドシナ難民」がどのような法的地位で日本に在住し、それが女性たちの増加とどのように関係するのかを見ていきたい。

女性たちの夫となる男性たちは、ベトナム難民かカンボジア難民だ。さらにラオス出身の難民とあわせて「インドシナ難民」と呼ばれている人々である。インドシナ難民とは、1975年のベトナム戦争終結以降、インドシナ半島のベトナム、カンボジア、ラオス3カ国の共産政権樹立とその後の政治的混乱を逃れて、母国を脱出した人たちを指す。

ベトナムからは、魚の漁に使うような小さな木造の船に、鈴なりの人が乗り込んで、大海へと逃げ出した。彼らは「ボート・ピープル」と呼ばれた。その半数近くが命を落としたといわれるこの方法で、約40万人のベトナム人が海外へと脱出し、難民となった（野津2007、川上2001、アジア教育福祉財団難民事業本部ホームページ）。カンボジアから脱出した人たちは、海へ逃げ出すということはかなわなかった。その多くは、西隣のタイを陸路

で目指した。ボートでの脱出のように、半数近くが命を落としたかどうか
は定かではないが、それでもタイとの国境でゲリラ活動を行っていたポル
ポト派に襲われたり、国境を警備するタイ軍に襲われたり、単に強盗に襲
われるなどして、多くの人が命を落とした。

　こうした命がけの脱出に直面し、一番問題を抱えたのは、近隣の東南ア
ジア諸国だ。カンボジアやラオスからの難民が何万という単位で押し寄せ
たタイをはじめ、ベトナムからのボート・ピープルがたどり着いたインド
ネシアやフィリピン、マレーシアなどの国々は、自国に難民をとどめてお
くことを快く思わなかった。こうした国々は自身の国も決して政情が安定
しているわけでも、経済的に安定しているわけでもなかった。何万という
難民が自国にたどり着くことは、決して喜ばしい状態ではなかったのであ
る。彼らはすぐに、ベトナム戦争の当事者だったアメリカを始め、先進国
に対して、難民の受け入れを要請した。東南アジア諸国に逃げ出した難民
たちは、その数の多さと、アメリカという超大国が当事者として関わって
いたという状況のためか、いちいち条約難民[5]としての審査を受けること
なく、「インドシナ難民」という扱いになった。戦争の当事者であったアメ
リカには現在に至るまでに約115万人が移住した。また、地政学的に東南
アジア諸国に近いオーストラリアに10万人が、カナダと旧宗守国のフラ
ンスに7万人が、そのほかノルウエーやデンマークなどにも、移り住むこ
とになったのである（田中 1994）。

　インドシナ難民をめぐるこうした国際的な動向の中、戦後ほとんど移民
の受け入れとは無縁だった日本も、インドシナ難民に向き合わざるを得な
いこととなった。1975年5月、南ベトナム政府が陥落して1カ月もたた
ないうちに、日本へ向かう予定だったパキスタン船籍の船がボート・ピー
プルを海上で救出し、日本に来日するという事態が起きた。当時合法的に
外国人を「上陸」させ「定住」させる法律を持たない日本では、ビザやパス
ポートを持たずに日本にたどり着く外国人は、すぐに不法入国者という扱
いになった。当時の日本では、外国人を合法的に受け入れるという回路は
存在しなかったのである。たとえ彼らが命を脅かされて母国を脱出し、日

本に救いを求めていたとしても、彼らを合法的に受け入れることは制度的に不可能だった。そこで日本は苦肉の策をとった。一時的に上陸は許可する。しかしその上陸を許可するのは、その後その人を難民として受け入れてくれる国を、国連難民高等弁務官事務所が保証している人に限る、という非常に厳しいものだった。その結果、1975年に9隻、1976年には11隻、1977年には25隻と毎年倍増する船が日本にまで到着し、2000人を超すボート・ピープルがたどり着いたにも関わらず（外務省ホームページ）、彼らにはアメリカや他の定住先が決まるまでの15日か30日間の上陸許可しか下りなかった（田中1994、川上2001）。

　当然、最大でも30日という短期間で難民たちが次の受け入れ先を探すのは、困難を極めた。また、上陸だけを許可し日本を定住先として開放しない日本の動きは、海外からの大きな批判を浴びることになった。「先進国」としての役割を果たしていない、という批判を受けるのである。国際的な圧力の結果として、1978年にはベトナム難民の「定住」が初めて閣議により了解されることになる。また、定住を許可する対象もベトナム難民だけでなく、ラオス難民、カンボジア難民を含む、いわゆる「インドシナ難民」となっていく。

　インドシナ難民の定住受け入れ決定後の1982年に、日本は難民条約に加盟した。それにより、第二次世界大戦後、主に旧植民地出身者の日本の出入りを管理することを目的として施行された「出入国管理令」が改正され、「出入国管理および難民認定法」が施行された。その結果「一時庇護のための上陸許可」という資格が設置され、ボート・ピープルは、厳格な審査がなくても日本に上陸できることになった。また一時的な上陸だけでなく、その後も日本に定住を希望する者に対しては、「特定の在留資格者」という資格が与えられるようになった。その7年後、1989年に改正された出入国管理及び難民認定法が改正、1990年に施行され、それ以降は「定住者」という資格が設置されると、この資格がインドシナ難民に与えられることになる。以降、2005年のインドシナ難民受け入れ終了まで、11,319人が日本への定住を許可されたのである（アジア教育福祉財団難民事

業本部ホームページ)。この11,319人のうち、約75％がベトナム出身者である。残り25％をカンボジア出身者とラオスの出身者で占めている。定住者はその後、在留期間が長期化し、経済的にも素行の上でも問題がない場合、申請によって永住が許可されて永住者となる。2019年末に永住者として外国人登録しているベトナム出身者数は17,186人である (法務省2019)。

0.2.3　インドシナ難民の定住傾向

　ここで注目したいのは、永住者の増加と難民家族の増加傾向の関連性である。先に1995年を境に、インドシナの難民の入国パターンは、難民から難民の家族へとシフトしたと指摘した。これは、難民として入国した人たちの定住傾向の強まりとも無縁ではない。特に1990年以降に来日したインドシナ難民は、入国当初から「定住者」であり、資格としてはすぐに家族を呼ぶのも可能だったと言える。しかし「定住者」として入国することと、入国した人たちに「定住傾向」[6]が見られるようになることは必ずしも同じではない。

　CastlesとMiller (1998) がモデル化した移民の定住化のパターンに従えば、家族の呼び寄せの開始とは、第一段階の帰国を前提とした短期滞在者から、短期滞在者が社会的ネットワークを構築し始める第二段階に次ぐ第三段階である。CastlesとMillerが示しているのは、最初に移動先で生活を開始した移民 (本書の場合は難民) が社会的な基盤を確立し、新たに構築したネットワークから何らかの資源を得られるようになって始めて、その家族を呼ぶことができるということだ。また、川上 (2001) も指摘している通り、特にボートなどでやってきたベトナム難民の間には、日本に定住するよりも、米国やオーストラリアなど他国に定住したいという希望を持つ者が多かった。その彼らが日本に定住するという決心があって始めて定住者・永住者が増え、その後になって家族の呼び寄せが増えるのである。

　図0-5〜7はベトナム、カンボジア、ラオス出身者の定住にかかわる在留資格の推移である[7]。3カ国とも、1988年前後が永住者増加のター

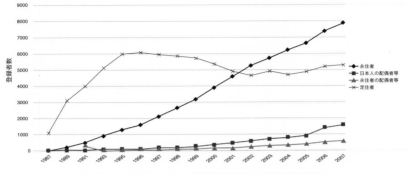

図 Ø-5.　ベトナム人の在留資別外国人登録者数推移

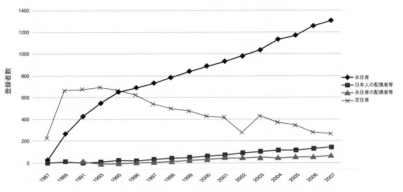

図 Ø-6.　カンボジア人の在留資格別外国人登録者数推移

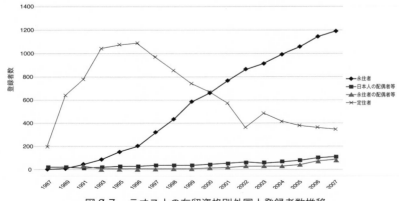

図 Ø-7.　ラオス人の在留資格別外国人登録者数推移

ニングポイントである。カンボジア人の中で、1989年に永住者として登録している数は、2年前の10倍強となっている。永住者だけでなく、定住者も1987年と1989年では約3倍増である。ラオス人は1989年から1991年の間で永住者の約5倍に、もっとも増加率の低いベトナム人でも、1987年から89年の間で永住者は2.5倍増ほどになっている。

　永住者の急増とほぼ同一の時期に、その数が増えているのは、図Ø–1で示すとおり、ODPという形での難民認定者である。ODPとは、「合法出国計画（Ordinary Departure Programme）」の略称だ。本国に残ったベトナム難民の家族が、先に第三国[7]に定住したベトナム難民のところへ行くことために、ベトナムを合法的に出国することを保障した制度のことである[8]。この制度を利用して出国した人も、資格としては難民と同じ扱いとなった。このODPの認定は、永住者の急増とほぼ同一のときにピークを迎えていることがわかる。難民として日本に来日した人たちが永住権を取得した前後に、家族の呼び寄せが増えるのは、難民の生活の安定と呼び寄せが大きく関係していることを示しているだろう。

　一方、先に見た短期滞在者が急増していた1995年は、1988年ほどではないにしろ、ラオスで2年前と比較して1.7倍、ベトナムで1.4倍増となっている。ODPの増加のケースとあわせて考えれば、1995年以降の永住者の増加は、難民家族の増加と大きな関連があると言えるだろう[9]。

Ø.2.4　インドシナ難民とジェンダー

　さてここまで、①インドシナ難民を輩出した国々から日本へ新規入国する人は、1995年以降急増していること、②それは難民から難民家族へのシフトであり、難民家族が増加していることが急増の主要因と読み取れること、③この難民家族の急増は、受け入れる側の難民の定住化傾向と無縁ではないこと、という指摘を行った。では実際に「家族の呼び寄せ」で入国する人とはどのような属性の人なのか。以下では、男女比と年齢に焦点を当てて、急増する「難民家族」の属性を明らかにしていきたい。

　まず男女比である。ベトナム、ラオス、カンボジアの3カ国から新規入

国する人について、男女比が公表されているのは、ベトナムのみである。カンボジアとラオス出身者については、外国人登録者数から男女比を推し量るしかない。ベトナムからの難民は、男性の割合が非常に高い。これは日本に限らず米国などに渡った難民も同様である。その要因は、一つにはボートという命の危険を伴う形での出国が主流だったこと、もう一つには、脱出した先で男性の方が就労しやすく、家族への送金が期待されると考えられたことであろう。その結果、誰を難民として家族の中から出国させるか、という判断の際、男性を出すことが多かったと言われる[10]。また川上(2001) によれば、カンボジアやラオスの難民は、キャンプでスクリーニングを受けて来るので、日本政府が男女比を比較的均等に受け入れることが可能だった。しかしボートで出国したベトナム難民ではそれができなかったこともあるという。実際、インドシナ難民を受け入れている間の、日本へのベトナム出身者の新規入国者数は、どの世代を見ても、男性が圧倒的に多い。1987年の総数は女性1.520人に対し男性が2,868人とほぼ2倍、1993年でも総数6,232人中男性3,866人、女性2,367人と一貫して男性が多いのである。

　ところが、この男女比が唯一逆転する時期と世代がある。1995年から2005年までの11年間であり、年齢層としては15〜19歳、20〜24歳の層である。この時期のこの年齢層では一貫して女性の割合が多くなるのである。1995年に新規入国したベトナム人の15〜19歳の男性は98人に対して女性114人（全体の約54%）、20〜24歳の男性432人に対して529人（同55%）であったが、2001年には、15〜19歳の男性202人に対して女性299人（同60%）、20〜24歳の男性916人に対して1317人（同60%）となっている。例えば1992年の同じ年代の男女比は、15〜19歳が男性56人に対して女性46人（全体に占める女性比45%）、20〜24歳が男性151人に対して女性117人（女性の割合43%）であることから考えれば、10年間で女性の割合が10ポイント以上高くなっていることが分かる。この時期は先に指摘した難民から難民の家族へのシフトの時期に重なっており、難民の家族の急増の時期は、15〜25歳の若い女性の入国の急増の時期でもあ

ると言える。もちろん女性にとっての15〜25歳とは、結婚・出産などを経験する時期である。また、ベトナム人女性の平均初婚年齢は23歳である。とすれば15〜25歳の層の増加とは、結婚適齢期の女性が一斉に日本にやってきていることを示している。つまり数の上でも年代的にも限定的だが、女性の結婚適齢期に相当する入国者に「女性化」が見られることになる。とすれば、結婚を目的として日本へ入国するベトナム難民の家族の多くは女性である可能性が高い、と推測することは十分可能であろう。本書の対象者である、インドシナ難民との結婚を目的として移民してきた女性たちは、限定的ではあるものの、こうした女性化した移民の流れを構成している人たちなのである。

Ø.2.5　アメリカにおけるインドシナ難民の流入パターン

　難民から難民家族へのシフトについては、日本だけでなくアメリカでも同様の事態が起きている。周知のとおり、1975年に北ベトナム軍により、アメリカの全面的な支援を受けていた南ベトナム政府が倒されると、1976年には北ベトナムの共産主義勢力により南北ベトナムが統一され、共産主義政権が樹立された。その結果、そこで迫害を受けることになった南ベトナム政府および軍関係者が命や財産を脅かされることになり、難民となった。またベトナム戦争中、米軍による空爆、および親米政権とそれに反対する勢力の増加によって引き起こされた内戦の末に、共産主義政権が次々とカンボジア・ラオスの双方に樹立されると、この2カ国からも多数の難民が流出した。アメリカは、ベトナム戦争を皮切りにしたインドシナの紛争の当事者として、この3カ国からの難民は受け入れざるを得ず、先に述べたように100万人以上のインドシナ難民を受け入れてきたのである。

　図Ø-8は、アメリカでのインドシナ難民のうち、ベトナム難民受け入れの推移である。

　アメリカでは、いわゆる「スポンサー」という経済的にアメリカ在住を保証できる身元保証人がいれば、難民の家族は移民[11]として入国できるが、その数が1986年に急増している。前年の1985年に5500人程度だっ

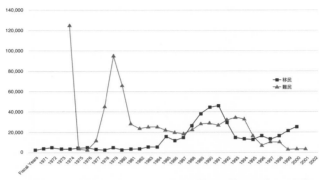

図 Ø-8.　米国におけるベトナムからの移民・難民の受け入れ数
出典）Southeast Asia Resource Action Center (2004) より筆者作成。

たインドシナ 3 カ国からの移民は、1986 年に対前年比約 5 倍増となった
のだ。それ以後、移民の入国は増え続け、1989 年には一時移民の数が難
民の数を上回ることになった。その後移民の数は難民と比較して減少して
いくことになるが、やはりアメリカでも 1995 年から 1996 年の間で難民
の入国者数が半減し、その後 1997 年以降は移民として受け入れられる家
族が難民を上回り続けることになっている。2000 年には、難民 2,903 人
であったのに対し、移民は 23,949 人と、約 10 倍の移民がアメリカに入国
している。1990 年代後半の難民から難民家族へのシフトというのは、日
本だけでなくアメリカでも起こっている現象であり、女性たちの移動はこ
うしたインドシナ難民家族をめぐる世界的な傾向の一端をなしている。

Ø.2.6　Wife or Worker, or Both?

　以上見てきたように、カートのような女性たちは、1990 年代後半以降
増加したインドシナ難民の家族として呼び寄せられている人たちだ。彼女
たちの傾向とは、①ベトナムの ODP で入国する人たちとは異なり、日本
で夫となる男性とは本国での婚姻経験はない、②難民家族であるが、本
人たちには難民としての経験はない[12]、③難民経験がないという点では
ODP で出国した人たちも同様だが、彼女たちは受入れ国である日本から
も「難民」としては認識されない、④ただし、夫たちが難民である以上、

「難民の家族」であることには間違いなく、そのほかの在留資格で来日する人と比べて来日当初から資格が安定している、という四点にまとめられるだろう。

　ここでもう一つ、カートのようなインドシナ難民の家族として来日する女性たちの「共通」の傾向を挙げておきたい。私がインドシナ難民の女性たちと関わりを続けていくうちに気づいたことは、女性たちに「なぜ日本に来たのか」（というよりなぜ日本に住む男性と結婚したのか）と問えば、ほぼ全員が経済的な動機を語ることだった。彼女たちは、もちろん結婚を機に来日していたが、会う人会う人がみんな「仕事」がしたいと口にしていたし、実際にすでに仕事をしている人もいた。「（自分の国では）仕事がないから」と答えた人が圧倒的に多かったし、それに付け加えて「家族を助けたいから、自分が日本に行けば家族を助けられると思ったから」と答えた人がほとんどだった。小さな子どもがいて、すぐに仕事ができる状態ではない人も、日本語が決して上手ではない人でも、そのほとんどが「仕事」を望んでいた。自分から望んで仕事をしたくない／考えていないと言った人は、ほとんどいない。私が今まで知り合ってきた40人前後の女性たちのうち、2人か3人ほどだろうか。さらにその仕事の結果、「家族を助けたい」として送金を行う場合もしばしばある。彼女たちが口にする移住の動機は、「仕事がない」ことや「生活（家計）が苦しい」「家族を助けたい」というような家計や雇用に関することが圧倒的に多いのだ。確かに、夫についていくこと以外に選択肢のなかった女性も存在するだろう。親に決められて、といった女性もいないことはなかった。しかしそれは、本当に少数だった。出発の際に経済的動機を語らずなおかつ日本に来た後も自発的に仕事をしていないと言う人は、ほとんどいない。

　とすれば、彼女たちはその国境を越えた移住に対して、経済的動機を十分持っていることになる。つまり、動機だけを見れば、国際移動労働を行う女性たちとなんら相違がないということになる。その上、「移民の女性化」が進んだ現在、女性の周りには決して選択肢が結婚だけということはあり得ない。もちろん、自身の経済的な基盤の確立によって経済的上昇を

達成する機会が限られている女性たちにとって、社会的地位の上昇を結婚で果たそうとするという人は決して少なくはないだろう。しかし、彼女たちは明らかに社会的地位の上昇だけでなく、賃金労働を望んでいる。ではなぜそれを複数の選択肢がある状況の中で、結婚という形態で達成しようとするのだろうか。彼女たちの動機は、いかなる主体性によって生み出され、いかなる構造によって結婚という手段に方向付けられるのだろうか。

　本書ではこの問いに答えるために、彼女たちの移動を、その他多くの移動労働者の女性と同じように、移民研究、特に移民とジェンダーの視点からの分析を試みる。彼女たちの移動は手段として結婚を採用しているので、国境を越える結婚にまつわる理論的枠組みから考察することも可能だろう。しかしそうではなく、女性の経済的な動機に注目し、移民研究の視点で考察を行う。ただし、決して結婚による移動の含意を無視するものではなく、これまで二項対立的に語られてきた女性の国際移動における「結婚」と「労働」の双方にまつわるジェンダー観を考慮する。なぜならば、女性が賃金労働を目指すに当たり結婚という手段を採るのは、「女が結婚すること」と「女が労働すること」の双方の意味を同時に考えることなしには、明確な説明ができないのではないかと考えるからだ。「労働」と「結婚」を別物として考えていては、単純に労働者が結婚する場合など、個人の変容の可能性が見えなくなる。また、一人の女性が国境を越える場合の様々な選択の可能性をも見落としてしまうことになる。女性はそもそも「労働者」と「結婚する者」と分断された存在ではなく、当然のことながらどちらにもなりうる存在なのだ。よって本書では、先に出会ったカートのような女性の、国境を越えた結婚を事例とし、女性たちにとって「妻であること」「母であること」「嫁であること」そして「働くこと」の意味についての分析を中心に焦点を当てる。そして、女性が経済的動機を結婚によって達成していくという行為の意味を包括的に示していくことを企図する。

　以上のような問題意識から、本書では以下のような構成をとる。

　第1章では、本研究に関係する先行研究を整理する。特に難民研究や移民研究の分野で、結婚を手段として国際移動する女性たちがどのように論

じられてきたのか／来なかったのかを振り返る。そして、結婚移民が大きな研究の枠組みの中からは取りこぼされてきたことを明らかにする。また同時に、女性の移民が論じられる際、「労働者」の女性と「結婚する」女性とは、同じ女性の移民というよりは、むしろ差別化されて論じられてきたことも示す。一方で、結婚移民がこれまで移民研究ではなく、文化人類学や人口学などの分野では研究がなされてきたことを示す。その上で、結婚移民の分析では、人が国境を越えることの意味よりも、女性がどういう男性と結婚するかという規則性の方が優先されてきたことを明らかにしていく。さらに、近年の女性移民労働者についての分析が、再生産労働分野に及ぶにつれて、結婚移民との線引きが実際には難しくなってきたこと、動機と入国先での労働には大きな相違がない以上、結婚移民も十分に移民研究の分野から分析が可能となること示し、よって結婚移民を、移民ネットワークや移民の各過程におけるジェンダー関係から読み解くことを示す。

　第2章では、本研究の調査方法と分析枠組みについて述べる。本研究は、インドシナ難民の集住地区である神奈川県のある県営団地におけるフィールドワークから得られた知見をもとにして行われている。そこで、本章では研究方法と調査地の概要について簡単に概観する。研究方法としては、フィールド・ノート、地域での活動の参加を通じての参与観察、対象者へのインタビュー調査などを交える方法を採用したことを提示する。また調査地については、インドシナ難民であるベトナム、カンボジアの出身者が日本のどこに滞在しているのかを明らかにし、神奈川県とインドシナ難民のつながりを提示した上で、この県営団地の現状を概観する。さらにその上で、本書で前提としている経済的動機についての定義を述べた後、分析の中心をジェンダー（つまり女性がより女性らしい役割を果たすことを期待されること）とし、ジェンダーが女性の移住の各過程にどのように影響を与えるのかという点を述べる。

　第3章では、送り出し国における移民を生み出す環境と、女性が持ちうるネットワークを考察する。それによって、なぜベトナム人女性やカンボジア人女性が移動しようと思うのか、そしてその移動の際に、なぜ労働

ではなく結婚をいう選択肢を採るのかを明らかにしていきたい。ここでは、ベトナムとカンボジア双方の一般的な雇用環境や、結婚がこの両社会にとってどのような意味を持つのか、ベトナム、カンボジアの両国からどこへ人が流れ、特に女性はどこに向かうのか、その場合どのようなネットワークを利用するのか、などを明らかにする。その上で、ベトナム、カンボジアの女性たちが結婚で日本へ来るのは、それが合法であり、なおかつ親族のネットワークという「信頼感」のある移動手段を利用した出来事であること、彼女たちにとって、忌避されるべき家事労働者ではなく、社会的に承認された妻として移動できることが、評価が高いことであるため、結婚を選択していることを明らかにしていきたい。

　第4章では、ホスト社会にいるインドシナ難民が、配偶者を本国から呼ぶ要因を考察する。ここでの分析のポイントは、「結婚の経済的動機」と「再生産労働の国際分業」、呼び寄せに対して利害の関わる親族ネットワークによる移動、の三点である。まず日本社会においてベトナム難民と、カンボジア難民がどのような位置にいるのかを入管法的な側面と社会的な側面から記述する。その後、こうした法的社会的、経済的側面から、日本社会においてインドシナ難民男性たちが何を必要としているのか、そしてその結果としてどのように配偶者を本国から呼ぶのかを考察していく。ここでの結論は、彼女たちの夫となるインドシナ難民の男性は、全般的に日本社会の中で経済的にも社会的にも困難を抱えている層が多く、こうした男性が経済的なインセンティブと同時にケアに対するインセンティブを持って結婚に向かっていることを指摘したい。また、彼らのニーズと、本国にいる女性たちのニーズをつなぐのは、往々にして女性（夫の母か結婚で来る女性たちの直接の親族）を中心としたネットワークであり、そのネットワークを担う女性たちの中にも、新しく結婚によって来日する女性たちから、資源が得られることを指摘したい。

　第5章では、国家の移民のコントロールが、さらに結婚移民を後押しする状況について触れておきたい。移民の受入れ国となる先進各国は労働力を移民に依存することについて、基本的には抵抗がある。しかしその国で

序章

必要とされる中度のスキルを持つ準専門職については適宜その門戸を開放しつつある。その結果がケア労働／家事労働の分野への門戸の開放であり、それが移民の女性化と「再生産労働の国際分業」という現在の状況を生み出している。事実、ベトナムやカンボジアの女性たちが選択できる海外での労働は、ケア労働か家事労働に集中している。それに対し、どの先進国でもその国に定住している市民が家族を呼び寄せることについては人道的な立場から寛容であり、審査も比較的容易である。その上、日本へ入国しようとする場合、入国して在住しようという人の数は移民国家であるアメリカと比較すると圧倒的に少ないため、申請から結果が出るまでの時間が短くなる。国家の「労働移民」と「結婚移民」への対応の違いが、結果として、日本に結婚で来ようとする女性たちの後押しをすることになっていることを述べる。

　第6章は、結婚移民として来日した女性たちの日本への定住がどのように進むのか、移民ネットワークが定住過程において果たす役割を、ジェンダーの視点から分析する。その上で、結婚移民で来日する女性たちの多くが抱える困難さの要因を明らかにしていきたい。移民ネットワークの機能は、基本的に定住のための障壁を低くするものだとされてきた。しかし結婚移民の女性たちの定住には、必ずしもこの機能が働いていないことから、再生産労働へのサポートの限界と、夫方親族によるネットワークの構成によるサポートの限界、という二点から移民ネットワークの機能を考察しなおす。また、女性たちは再生産労働への負担を、日本への移動や定住に利用した移民ネットワークではなく、トランスナショナルなネットワークによって解消する事例も提示する。

　第7章は、結婚移民の当事者が、「母」の役割や「妻」の役割をどのように語るのか、そしてそれを日本社会での生活とどのように結び付けているのか、などを彼女たちのライフストーリーを通じて明らかにしていきたい。

　終章では、本研究で得られた知見をまとめた上で、日本におけるインドシナ難民の配偶者の呼び寄せの現状分析が示唆するものを示す。その結果、再生産労働の国際分業が進んだ現在の国際社会において、女性の国際移動

が今後どのような方向に動く可能性があるのか、女性の移動者にとって結婚移民がどのような意味を持つのか、その二点を提示していく。

注

1　本書で挙げる女性の名前はすべて仮名である。

2　インドシナ難民とは、1975年のベトナム戦争集結以降、インドシナ半島のベトナム、カンボジア、ラオスの3カ国の共産主義政権樹立と、その後の政治的混乱を逃れて、母国を脱出した人たちの総称である。1951年に誕生した難民条約には、誰が難民であるかを決定するための難民についての定義がある。庇護を求められた国はこの条約の定義に照らして、その人物が難民かどうかを決定し、受け入れを判断する。しかし、この時ベトナム、カンボジア、ラオスの3カ国から逃げ出した難民については、庇護をする国が「条約難民」であるかどうかを審査することなく、一律に「インドシナ難民」という難民の扱いにするよう、国際的な判断がなされた。

3　日本の入管法での「定住者」とは、1989年に入管法が改定された時に創設された資格で、「法務大臣が特別な理由を考慮し一定の在留期間を指定して居住を認める者」(法務省)とされている。インドシナ難民のほか、日系3世や中国残留孤児などに与えられる。

4　インドシナ難民の認定者には、政変時に日本に留学生として滞在していて帰国できなかった者、海外の難民キャンプで難民認定された者、公海上で救出されて日本の難民施設に滞在していた者、ベトナム難民に限って、先に難民として日本に定住していた者の呼び寄せ家族として来日した者、などが含まれる。

5　条約難民とは、1951年に成立した「難民の地位に関する条約」の中で規定されている難民の定義に当てはまると難民申請をされた国が認めた人を指す。難民申請者が難民条約の定義にあたる難民であるかどうかは、申請された各国が個別に判断するため、手続きが煩雑で時間がかかるプロセスとなっている。

6　移民や難民の「定住」とは何を指すのか、には様々な議論がある。単純に滞

在が長期化するだけが定住化であるという議論もあるだろうし、将来的な永住権、市民権、国籍取得をもってして定住とする場合もある。ここでは、基本的に「永住権」を獲得することを定住化の一つの傾向として便宜的に捉えて議論を進める。

7　難民となった人にとって、自分の母国が「第一国」、母国から逃げてキャンプなどで滞在していた国が「第二国」、第二国から先進国などの新しい国に更に定住していくので、その定住先は、三番目の国ということで「第三国」と呼ばれる。

8　ベトナムの統一政府は、自国を脱出する難民を認めていなかった。そのため、先に脱出して第三国で定住しているだろうと思われる、男性たちの妻や子どもたちも、危険を冒して彼らの後を追ってボートでの秘密裏の脱出を試みた。たとえ夫や兄弟が先に国外へ出ていたとしても、その後を追おうとする家族が自国を出ることを認めはしなかためである。これに対し、国連高等難民弁務官事務所をはじめとする国際社会は、家族が再び危険を冒すことを防ぐべきだという立場をとった。そのため難民として家族が海外にいる人たちに対しては、ベトナムを「合法的に」出国できるような制度を導入するよう、ベトナム政府との間で覚書を交わした。これを「合法出国計画 (Ordinary Departure Programme、ODP)」という（外務省ホームページ、川上 2001）。ODP は1980年から導入された。ただし、この制度はあくまでベトナム政府と UNHCR との取り決めであり、カンボジア、ラオス両国からの難民は適用されなかった。

9　ただし、95年以降の難民家族の急増は、永住者の急増が引き起こしたものであると言えるほど、直接的な因果関係とは言い切れない。永住者の増加と、家族の呼び寄せの増加が、比例して伸びていることだけをここでは指摘しておきたい。

10　川上 (2001) によれば、先に男性を難民として出国させるのは、出国先で男性の方がより仕事が得られやすく、そのため送金が期待できるという理由のためであったという。これは、南米諸国から米国への移民などに見られる典型的な出国におけるジェンダー差である。とすれば、すでに難民としての出国に際し、送り出し国の世帯の中で「移民」を送り出すのと同様の判断がなされていることになる。

11　アメリカで「移民」という場合、基本的に、当初からアメリカへ永住することを目的として入国する者のことを指す。日本では入国の時点で永住を目的とする人の入国は認められていない。

12　ここでは、難民の経験とは、着の身着のまま、ボートで本国を逃れようとしたり、あるいは陸路違う国へ逃れようとしたりして、パスポートや受け入れ先の許可もなく、国境を超える行動を指す。ODPやベトナム難民の家族の場合、出国の時から、合法的にパスポートを取得するなどの手段を取り、命がけで脱走するということは経験していない。

第1章
ベトナム・カンボジアから結婚で国際移動する
女性たちをめぐる議論の再検討

　ミンとタンの結婚は、それまで学者が、結婚について長年定説としてきたこと──女性は、自分より年上で高給で、学歴が高い男性と結婚し、反対に男性は、自分より若くて給料を稼がず、学歴の低い女性と結婚するという普遍的なパターン──を覆すものだった。ミンとタンは結婚のパターンをグローバル化し、なおかつ逆転させるものだった。しかし誰が「下から来た」かを判断することは難しくなっている。人口学的な結婚市場の言葉で言えば、世界の多くの女性が「結婚可能」な男性の予備軍を見つけることが難しくなっている。というのも彼女たちが教育の「はしご」を上り詰めているからである。タンはこうした女性のひとりだ。すなわちベトナムで非常に高い学歴を受け、自分の周りにいるベトナム人男性との結婚を遅らせた／避けてきた女性なのだ (Thai 2008: 95)。

　インドシナ難民の出身国からの流入は、受け入れから40年以上が経過した。今や日本でも、彼らを100万単位で受け入れてきたアメリカでも、「難民」本人から「難民の家族」へという同様のシフトが起こっている。特に日本でも20代のベトナム出身者に女性が多く、結婚を目的として入国している可能性が高い。だが日本に結婚を目的として入国する女性たちに動機を聞けば、「仕事がない」ことを挙げる。女性が単身で労働者として国際移動をする流れが、男性労働者の国際移動の流れと遜色ないこの時代に、経済的な動機を達成するために、女性たちは結婚を国際移動の手段として選んできた。それはなぜなのだろうか。
　この問いを考察することが本書の主な目的だ。しかし、この問いに解を

与えようとするときに、大きな問題に直面せざるを得なかった。一つ目は、対象者へのアプローチの問題だ。日本では難民の研究そのものが非常に少ない。まして女性に焦点をあてたもの、そして難民ではなくその家族として入国する女性ということになると、ほとんど皆無である。二つ目は分析枠組みだ。これまで「結婚による移民」と「経済的な動機を達成するための移民」＝「労働移民」は、まったく別物として論じられてきた。「経済的な動機を達成するために結婚を手段として移動する女性」を分析する際に、参照できる研究は数少ない。

　だが同時に、本書で採り上げる女性たちの流れは、どの研究ともまったく関連性がないわけではない。難民女性の研究であり、結婚する女性の研究であり、国際移動労働する女性とも重なりが多い。本書は、こうした多重な側面を持つ女性たちの国際移動を、一つの分析枠組みだけからではなく、それぞれを相関的に論じていきたいと考えている。そこで本書の学問的な位置づけを明確にし、新たな理論的枠組みの必要性を検討するために、これまでの難民研究と移民研究、そしてその中でさらに結婚移民／労働移民の議論を整理していく。

―――――――――――――――――――――――――――――― 1.1　難民研究

　「難民」とは歴史的に決して新しい現象ではない。小泉（1998）が指摘しているように、ある地域に住む人々が、迫害を受けた上に追放される、あるいは迫害を恐れて逃亡し、他の地域の人間が彼らに庇護を与える。こうした状況は、歴史のかなり古い時代から見られる出来事だ。Zolberg ら（1989）は、ヨーロッパの難民の歴史を、15世紀以降「宗教による迫害の時代（ユダヤ人、フランスのユグノー、イスラム教徒）」の第一期と、18世紀のフランス革命期の「政治的迫害の時代（民衆革命による旧体制の人々への迫害）」の第二期、そして19世紀末以降「国民国家の形成過程での障害物への迫害」である第三期としている。

　国民国家の成立以降では、その国家が庇護し保障を与える人々を、その

国民国家の線引きされた領土内に居住し、なおかつその国民国家に対しての一定の義務を果たし、能動的に国政に参加できる「国籍保持者」＝「国民」に基本的に限定しなくてはならない。そのため、国民国家の定めた境界と無関係に生活する少数民族や、あるいはどこの国民国家の国民でもない無国籍者は、政治的な不安定さを引き起こす脅威と認識され、往々にして迫害の対象となった。また、内戦の後に形成される国民国家の場合には、内戦に勝利した新たな国民国家の担い手と、敵対してきた政治的イデオロギーの異なる人々が迫害の対象となる場合もある。本書で取り上げるベトナム難民はこのケースに当たると言えよう。

　このように、特に20世紀以降の難民は、「国民国家の形成」や「ナショナリズム」という問題とその出現が大きく関わっていたことから、政治学、あるいは国際関係論などの文脈で論じられることが多かった。先のZolberg ら（1989）の研究も、アフリカや南米の諸地域で発生してきた難民を、民族紛争と国民国家の形成との関係、あるいは社会主義革命との関係で論じるというものである。特に政治的な変動がどのように難民を生み出してきたのか、そしてそれに対して国際社会がどのような仕組みをもって対処するのかを論じたものだった。また、Gordenker (1987) は、特に発展途上国における難民の発生を、国家間紛争と内戦のケースに分け、それぞれの紛争の過程でどのような難民が生まれるかを描き出してきた。「技術の進展」や「開発」という社会的変動について触れつつも、やはり「紛争」という政治問題の一部としての難民という捉え方をしている。こうした捉え方は、2000 年代に入った現在でも続いており、例えばHaddad (2008) も国家を前提とした「国際社会」のあり方そのものが難民問題を引き起こしていると主張しており、やはり政治学的な視点から難民を論じている。

　一方、難民問題を論じるもう一つの主流は、特に難民の人権を保護するような観点を含む法学あるいは法制度からの分析である。難民は移民と異なり、「庇護」の対象となるかどうかが非常に重要な問題なので、誰を難民とするのかは、国際的な条約によって定められている。1951 年に制定さ

れた「難民の地位に関する条約」(以下難民条約) がその条約である。それに
よれば、難民とは「政治的迫害」を受けており、自国に戻れば命の危険が
ある人であり、帰国することによってその人の基本的人権が著しく損なわ
れるかどうかが難民認定の判断基準となる。そのため難民にまつわる法の
議論というのは、彼らが「なぜ」難民なのか、彼らが受けている迫害がど
の程度彼 / 彼女の人権を損なう恐れがあるのか、という権利とその擁護が
議論の中心となる傾向が強い。例えば Feller (2003) らは、すべての章を
難民条約の条項からの解釈によって、様々なイシューを論じるというスタ
イルを採用しており、また、特定の難民の位置づけを法的な側面から論ず
る (Takkenberg 1998) という研究は非常に多い。

　近年は、こうした政治学あるいは法律の分野からの研究に、定住後の
社会的動向も加わるようになった。大量に難民を受け入れてきたアメリ
カやオーストラリアといった国々では、難民がどのように「社会的に」適
応していくのかを分析したものや、また定住先でどのような「経験」をし
ているのかといった、ライフストーリーやエスノグラフィーを使った研究
も見られる。また、特に定住側面を扱うと言う面では、移民研究にも見ら
れるように、コミュニティのあり方やその機能についての研究も見られる。
Gold (1992) は、アメリカにおける、ソビエト連邦から来たユダヤ難民の
コミュニティと、ベトナム難民のコミュニティを比較検討しているが、そ
の際分析枠組みとして活用されているのは、エスニック・エンクレイブ論
や、あるいはコミュニティと個人企業家のあり方など、基本的には移民研
究で使われている枠組みである。日本で言えば、戸田 (2001) が日本に在
住するベトナム人難民の組織がどのような基盤で組織されているか、を描
いている。

　しかし序章で見たように、アメリカにおいても、日本においても、先に
定住していたベトナム難民が新たな移民を引き起こすという現象が起こっ
ている。難民は庇護されてしまえば、それで問題が終わりと言うわけで
はない。定住後の社会動向を考察することにより、「難民」本人がどのよう
な傾向にあるのかを把握することは可能だ。しかし社会集団としての「難

民」がなぜ新たな移民の動きを促進するのかは、これまで行われてきた難
民研究による難民の状況分析以上に、移民研究からの分析視点が重要にな
ってくる。だが移民研究の視点を盛り込んだ研究は、現象そのものが非常
に新しい動向であることもあり、ほとんどなされていない。アメリカにお
いてもベトナム難民の男性が本国から女性を妻として迎える事例の研究
が、2008 年 Thai によって公表されたが、彼の研究は「難民研究」という
視点よりも「移民とジェンダー研究」の視点が採用されていた。Thai の研
究が数少ない「難民家族」の「移民研究」による分析と言える。しかしその
Thai も、分析の方法は、ライフストーリーを中心にしており、移民がど
ういう方法で行われ、なぜ結婚という方法が採用されたのかについての記
述は限定的であり、移民の流れを包括的に論ずるというものではない。そ
こで、以下では移民研究に目を転じてみたい。

―――――――――――――――――――――――――――――――― 1.2　移民研究

1.2.1　移民理論とは

　移民研究は、当然ながら「なぜ移民が起こるのか」ということを明らか
にしようとしてきた。移民研究での古典的な見方は、1980 年代後半まで
非常に二極化したものだった。一つは、いわゆる「新古典的」アプローチ
で、移民は国家間の経済格差に対応して、合理的な行為者が賃金の低い国
から高い国へ移動するため起こる、という考え方だ。この新古典的アプ
ローチの代表的論者は Todaro (1969) だ。彼は発展途上国における「農村
－都市」間での「出稼ぎ」を分析し、農村と都市間にある賃金の差があれ
ば、たとえ失業する危険があったとしても、農村から都市への雇用を求
めて人は流入するとし、またそれをその後 Harris とともに国際移民の動
きにも適用できるような「ハリス－トダロ」モデルを構築した (Todaro and
Harris 1970)。一方、この考えと対峙するのは、「構造主義的」アプローチで、
「従属論」や「世界システム論」などが代表的な分析枠組だ。従属論や世
界システム論は、基本的に「合理的な選択をする行為者」という前提にた

った新古典派の理論に対する批判として生まれてきているという経緯もあり、彼らは「合理的選択を行う個人」はあり得ないとする。そのためこの分析枠組みでは、行為者の主体性が問われるというよりは、世界の「中心」と「周辺」との間にある経済の構造が問題となる。そして中心の経済の拡大や発展は、周辺には不利であり、周辺の経済や労働者は、中心の経済状態いかんで搾取されると論ずるものだ。この見方によれば、移民とは、「直接的には強制労働という強迫の結果であり、間接的には資本主義によって個々の労働者に課される構造的な制約の結果起こる。個人の功利性を最大化するような合理的な選択肢とは程遠く、白人の資本家によって働かされる黒人労働者のようなモデル」(Wright 1995) によって説明されるとする。Haas (2010) によれば、この見方は、1970年代から80年代にわたって一貫して主流の見方だったとする。

　しかしこの「伝統的」な枠組みは、比較的早い時期から、現実に起きている移民の現象を捉えるには限界があると批判されてきた。新古典派にしろ構造的見方にしろ、この二つの理論からは、なぜ世界の貧困国のすべてから移民が生まれるのではなくある特定の国のそれもある特定の人だけが移民をするのか説明できないからである (Massey et al. 1993)。これに対し、Massey ら (1998) は、その移民が、固定的な構造の影響というよりは、様々な要因がどのように絡み合いどのようなダイナミズムのもとで生まれるか、ということを考察することの重要性を提示する。そして現在の移民理論では「ミクロレベルでの決定がどのようにマクロレベルの移民の過程に影響を与えるのか、またその反対はどうなのか」に注目して考察がなされるようになっている、と指摘している (Arango et al. 1998: 15)。こうした新しい移民の理論の中でも、移民の決定は個人だけではなく例えば家族やコミュニティといった、移民個人に関わる人々によっても決定されるとする「世帯戦略論」やあるいは、社会資本やネットワークを重視した「移民ネットワーク論」などが現在の移民論の主流となっている。一方 Wright (1995) は、新古典主義的アプローチでも、構造主義的アプローチでもない第三の方法として、Giddens の「構造化」に影響を受けた「構造化論的」

アプローチが移民研究の中にも出てきたことを上げる。そして人の移動の理由を、単に合理的行為者の選択の結果か構造的な強制による結果によるものかを問うのではなく、その複雑な相互作用の結果であるという見方が多勢となってきたことを指摘する。

　移民が生み出されるメカニズムとは、単に個人の合理的な選択だけでなく、また個人を無視した資本主義という構造の犠牲としての人の流れでもなく、個人の選択はありつつも、それが家族やネットワークのあり方、さらにはそれより大きな国際的な社会経済構造からそれぞれに影響を受けつつ作り出されている、と考えていいだろう。

1.2.2　女性と移民

　しかし残念ながら、これまでの「新古典的」アプローチ、「構造化論」的アプローチにせよ「移民ネットワーク論」にせよ、実はジェンダーの視点はほとんど採用されていない。というより、ジェンダー・ニュートラルというべきもので、移民が女性であるか、男性であるかは問わない形で、多くの移民理論は形成されてきている。つまり、その理論形成において女性の移民の存在というのは、ほとんど考慮されてこなかった。そのため、移民の動機やどのような形態で移動するか、あるいは定住がどのように進展するかなど、移民の各段階の傾向が男女によって異なる可能性があることも、取り入れられることもなかった。唯一「世帯戦略論」の中に、女性が移民する場合、そのほとんどが個人の生活水準の向上というよりは、世帯の利益を優先して移民を決断する、という考え方がある程度のことだろう。1980 年代以前の移民研究では、女性の移民はほとんど省みられることはなかったのだ。実際には女性の移動労働者も以前から存在していたにも関わらず (Zlotnik 2003)、女性の移動は「労働者」として捉えられることはなかった。Zlotnik が言うように、女性は家にいるものと捉えられていたこと、また実際に国際移動する際には、先行する夫に付帯して自分の意思と関わらず移動し、また経済的には自立した存在ではなく誰かに扶養してもらう形での移動だ、という認識が一般的だった (Chattopadhyay 1997、

Kofman 2004)。そのため、ほとんど研究対象になってこなかったのだ。確かに女性の移民の中に、「家族の再結合」を目指した女性が多く含まれていたことも事実である。特にヨーロッパにおいては、ドイツのゲストワーカー制度の終焉後に、労働者が本国に帰らずに一斉に家族を呼び寄せたのは、典型的な事例であった。しかし、同時に女性の労働者も多く含んでいた。Zlotnik は 1960 年代に移民に占める女性の割合は、46.6％であり、2000 年代に 48.8％となったものの、この 40 年間、一貫して女性は移民の半数近くを占めていた事実を明らかにしている。問題はその女性の移民が「可視化」されていたかどうかなのである

　1980 年代から、移民研究の分野では、女性の移民を「可視化」して対象とする研究が数々生み出されることになる。1984 年に Morokvasic が女性の移民の存在を訴える論文を発表し、それ以降女性の移民は移民研究の分野での重要な研究テーマとなってきた。ただしそのスタート時点から、女性の移民を可視化することは、女性を単身の労働者として捉えることと同義だった。というのも、「付帯的」と考えられている以上は、女性たちが主体的な存在としては認識されず、まして経済活動も行っていないとなると、研究対象とする必要性がまったく認められないからだ。そのため、いかに女性が「労働者」として「主体的に」国境を越えるかを明らかにする必要があったのだ。残念ながら、女性の移民に関する研究は、結婚移民を同じ分析枠組みで捉えるというよりは、結婚で移動する女性たちとは差別化を図る形で展開されたといってよいだろう。結婚移民は、移民研究の枠組みからも、女性と移民の研究の枠組みからも、長年こぼれ落ちてきた領域なのである。

1.2.3　結婚移民とはどのように論じられたか

　それでは、女性の移民の中でも本来は非常に多くを占める結婚移民について、どのように論じられてきたのか。結婚移民については、移民研究の文脈よりは、文化人類学的な視点か、あるいは人口学的な視点からの見方が一般的だった。

　文化人類学的な視点とは、つまり結婚移民がなぜ起こるのかを説明する上で、「結婚にまつわる規則」に移動が含まれているから、という見方に立つものがある。例えば、結婚後の居住に関する規則による説明だ。PalriwalaとUberoi（2008）は、男女が結婚した場合、夫婦が新しい家庭（居住地）を2人で作り出すパターンか妻が夫の住む場所（往々にして夫の親族もいっしょに住んでいる場所）に移動するパターン、夫が妻の住む場所に移動するパターン、のどれかであるが、結婚とは多くの場合、妻となる女性の移動を含んでいる、という事実に注目する。そして、それが国外にいる男性との結婚の場合、特に中国やインドなど家父長的な社会では、女性が国外へ移民する契機となる、という見方をする。

　もう一つの有力な人類学的な説明は、女性の結婚と国際移動をいわゆる「上昇婚」として捉える見方である。「上昇婚」（Hypergamyの訳語）とは自分の出自より社会経済的地位の高いところから配偶者を探そうとする行為、あるいは慣習のことを指す。もともとは、インドやスリランカのヒンズー教の女性たちがより高いカーストの男性たちと結婚しようとする慣習から来ているものだが、転じて、女性が自分より学歴や収入などが高い男性と結婚したがる傾向をも指すようになった。Global Hypergamy（Constable 2005）あるいはSpacial Hypergamy（Lavely 1991）という言葉が使われるように、現代の多くの国際結婚は、南の経済的に貧しい地域の女性か地理的に辺境の土地に住む女性と、経済的に豊かな地域の男性あるいはより発展した地域に住む男性との間で起きていることから、これを「上昇婚」という慣習で説明しようとしている。冒頭のThaiの記述の中で、「それまで学者が、結婚について長年定説としてきたこと」としているのは、まさにこの傾向のことである。

　結婚については文化人類学だけでなく人口学的な説明の仕方もある。結婚適齢期の男女の極端な性比を問題にするものだ。GuttentagとSecord（1983）の「Marriage Squeeze」という概念は、結婚適齢期の男女のどちらかが圧倒的に少ない状態をあらわすために使われたものだ。そのため、例えば適齢期の女性が少ない地域に住む男性のところへ、他の地域から女性

を流入させる必要があるので女性の移動が起こる、という考え方だ。それがもちろん、国境を越えることもある、という見方をするのである。この概念を使って、ベトナム難民の男女の極端なアンバランスが、アメリカやオーストラリアに渡った難民男性が本国へ妻を求める理由になるという分析を行ったのは Goodkind (1997) だ。また、例えばアメリカに渡った日系人に同様の現象が起きたことを示した Glenn (1986) や、Espiritu (1997) なども同様の研究を行っている。特に20世紀当初にアメリカに渡ったアジア系の男性たちが結婚相手を探す際、自分と同国の出身者はほとんどが男性だったので、同国出身者とは結婚するのが難しく、同時にアメリカでは日系人やそのほかアジア系の男性がアメリカ人女性と結婚することは禁じられていたので、結果として本国に妻を求めざるを得なかったと論じている。彼女たちの指摘は、男女の性比のアンバランスと、人種偏見に基づいた政策が重なった際に、こうした国際結婚が起こる、というものである。近年は、台湾人の男性とベトナム人女性を始めとする台湾以外の女性との結婚にも、この「Marriage Squeeze」という概念を利用して説明される場合もある。

　また、結婚移民は往々にして、女性の社会問題として捉えられることが多かった。特にメール・オーダー・ブライドのように、女性があたかもカタログの商品のように展示され、注文を受けるような仕組みがあったことから、フェミニストからも一斉に非難され理論的な分析の対象となってきた。いわゆる「欲望の場」という見方だ。つまり男性の側のジェンダーと密接に関わった欲望をその説明の根拠とするものだ (Suzuki 2005)。もちろん経済的格差をその前提とするものだが、先進国の男性は、女性に対して求める性的ファンタジーや、伝統的妻のイメージなどを、途上国の女性、それもアジアの女性たちに投影するという。そしてその「欲望」を満たすために、女性たちに会いに出かけ、そして結婚するというのだ。こうした男性の社会的経済的優位性と絡んだ欲望が結婚移民を生み出すと説明する。

　結婚移民は決して研究されてこなかったわけではない。ただし、それを移民研究の中で、移民研究の手法を使って分析しようという試みは、これ

までほとんどなされてこなかった。それによって見えなくなってしまった
点がいくつかある。それは、女性の意思や主体性、彼女たちに提示される
選択肢の問題、その結果として彼女たちが結婚移民という移動の形態を採
るまでのプロセスだ。移民がなぜ起こり、なぜ特定の地域の住民が移民と
なり、そしてその移民がなぜ特定の地域に向かうことになるのかを説明す
るためには、固定的な構造の影響だけではなく、ミクロとマクロの要因が
どのように影響し合ったのかが分析されなければならない、という移民研
究の現在の主流の見方を述べた。結婚移民についても、これまでのように
「それが上昇婚という習慣によるものだから」とか、「男性の欲望が多様化
しているから」という大きな構造要因からだけでは、その一連の流れがど
のように起こったのか説明され得ない。結婚という形態を採っているもの
の、やはり移民は移民であり、移民研究の主流の見方からその流れを分析
する必要があるだろう。

1.2.4 「労働移民」と「結婚移民」の接近

その際、参考にするのは、労働移民の研究の進展だ。なぜなら1990年
代後半から2000年以降、女性の労働移民に関する研究の進展は、結婚移
民をその領域に近づける形になったからだ。女性の国際移動労働は、当初
は、いわゆる世界システム論的な見方でも十分分析が可能だった。東南
アジアや南米のいわゆる「フリー・トレード・ゾーン」など、外国資本が
直接投資を行い、その「オフショア」にある電子部品工場やスウエット・
ショップなどで低賃金で働かされる女性たちが移民の予備軍となる、と
いうのが女性の移動労働論の主流テーマだったからだ。しかし1980年代
後半から90年に入ると、移民の女性の多くが正規の労働とは認められな
いところで就労していたことが問題になる。中東の産油国をはじめとす
る新興の工業国では、大量のフィリピン女性が家事労働者（つまり非正規労
働）として働いていたし、国を越えてセックス・ワーカーとして働く女性
は、トラフィッキングの犠牲者も含め、タイから日本へ、ベトナムからカ
ンボジアへ、ネパールからインドへ、東欧から西欧へと移動している。彼

女たちの労働は、まずそれが労働であるかどうかというところから検討されなければならなかった。そこで確立された概念が「再生産労働の国際移転」(Troung 1996) あるいは「再生産労働の国際分業」(Parrenas 2001) というものだ。この概念は Parrenas (2001) が、先進国の再生産労働の供給不足を移民女性が補っているという現象を、Glenn (1992) の「再生産労働の人種間分業」と Sassen (1984) の国際分業という概念を援用して概念化したものだ。彼女は、「グローバル化の中にある国際分業の議論を、単に生産労働への議論に適用するだけでなく、再生産労働への分析にまで広げ」(Parrenas 2001: 61) た。これ以降、特にこれまで労働者として必ずしも認識されていなかった「家事労働者」(「ケア労働者」・「ベビーシッター」「性労働者」等インフォーマルな再生産労働分野の労働者) に対して、「再生産労働の国際分業」という分析枠組みを利用した分析がなされるようになった。再生産労働という、そもそも「女性が家庭内で無償で」行ってきた／行うものとされてきた労働を、「労働」として改めて再確認することで、労働移民の女性の動きを説明したのだ。そして、移民論的な分析方法によって、再生産労働分野への移民の流れを分析したのである。特に Parrenas は、移民女性の移動の動機が、必ずしも経済的機会を望むことだけにあるのではなく、離婚や夫からの暴力からの脱出など、ジェンダーに絡む要因があることを明らかにした。なおかつ、フィリピンの女性が移民としてアメリカやイタリアにわたるのは、宗主国であったアメリカや、フィリピン人の圧倒的多数を占めるカトリックの総本山があるイタリア、という歴史的・文化的なつながりがあることを指摘した。動機とネットワークの存在を指摘するなど、移民研究のオーソドックスな方法を採用したのである。

　この「再生産労働の国際分業」という概念を導入した上で、それを移民研究の理論をベースにして分析するという方法は、結婚移民も十分に移民研究の理論から把握できる可能性を示唆していると言えよう。鍵となる概念はもちろん再生産労働だ。再生産労働の国際分業とは、本来家庭で女性が無償で行ってきたと考えられている労働が、家庭内で遂行されなくなることにより、外部に出される (つまり賃金労働化) ことを前提としている。そし

てこの再生産労働の外部化は、元来無償であると考えられてきたこともあり、市場的価値は低く、結果として再生産労働そのものの低賃金労働化を招く。ここに移民女性が入る余地ができたというわけだ。だが先進国内にいるすべての家庭が、この再生産労働を外部化——たとえ低賃金労働によって賄うとしても——できるわけではない。その場合、家庭内で遂行されない再生産労働を担ってもらう労働力、なおかつ賃金化されない労働力を家庭内に導入しなければならない。それは結婚という形をとる場合が多い。賃金化されない上に、無償労働であるならば、外部化された再生産労働以上に担い手を見つけることは難しい。そこに移民女性が流入する余地は十分あると言え、それこそが結婚移民へ対する需要を形作る、と考えられる。結婚移民も「再生産労働の国際分業論」の一形態、と捉えられるならば、移民研究における分析で、結婚移民を考える意義は十分にあるはずだ。

1.2.5　女性の移民、結婚、ジェンダー

　ここまで、女性の移民がどのように論じられてきたのかを振り返ってきた。労働移民の議論からは結婚移民は排除され、結婚移民の議論には労働力や雇用といった問題が排除されてきた。しかし、労働移民の女性が再生産労働分野へと流入する現象が世界的に起こり、結婚移民が労働移民に接近している。無論、女性の労働による移動と結婚による移動がまったく同質であるというのではない。しかし、女性の国際移動を捉えるとき、労働移民と結婚移民をまったく別物の二項対立的な概念として捉えるより、その双方の議論を加味し、関連性や連続性から捉えた方が、より的確に事象を捉えられるようになる。その関連性や連続性を考察する上で重要になるのは、「ジェンダー」の概念だ。ジェンダーとは、社会が「女」と「男」という性別を理由に、それぞれに振り分けられた役割 (江原・山田 2008) や、あるいは「社会的文化的」に定められた性のあり方のことである。女性は女性として生まれてきたからといって、すぐに女性らしくなるわけではなく、成長の過程を通して、社会が女性に期待している役割を覚え、それらしく振舞うことにより、女性らしくなると言われている。だが、いまやこの女性

らしさというのは一つの社会の垣根を越えて、グローバルな現象の中で女性が何かの行動を起こすときに社会から要請されるものとなっているのだ。

　先に結婚移民を捉える上で鍵となるのは、再生産労働という概念であると述べたが、再生産労働とはまさに、この「女らしさ」あるいは「女性が遂行するもの」という社会的通念と不可分のものである。再生産労働とは、「優しさ」「家族のような暖かさ」「かいがいしく仕える」という社会が女性らしいと思っている概念が基盤となった労働だからである。現在の女性移民のあり方を考える上で、賃金をもらう労働者としての移民なのか、そうではない結婚なのかに着目した考察を行うことは、さほど重要ではない。「再生産労働の国際分業」が進展している現在、移民女性にしてみれば、たとえ労働者として移動したとしても、賃金を得る上で、単純な労働力だけでなく、「親密さ」、「癒し」、「家族らしさ」、さらには「愛情」などという労働以外の要素——そしてこれらの要素はすべて、往々にして女性らしさにもつながっている——を強く要求されることになる。そしてそれらは、先に指摘したフェミニストが結婚移民の増加の一因として指摘した「男性の欲望の多様化」にもつながる。再生産労働＝「女性らしさ」を求められる労働という見方をすれば、有償の再生産労働者として移民する女性と結婚のために移民する女性とは、二項対立ではなく、お互いがお互いの延長線上にあると考えられる。労働者にしろ結婚にしろ、移民のより多くが、より女性らしいということを期待されて移動せざるを得ないのであり、こうしたジェンダー規範に基づいた社会（移民の出身社会とグローバルな社会の双方）において、女性らしさに対する要請がどのような形で女性が移民を決断する際に影響を与え、また移民の結果にどのように影響するのかを考察することの方が、より広い視野に立ち包括的な女性移民の考察を可能とするのである。

　本書では、インドシナ難民の男性との結婚を目的として国際移動する女性たちを、結婚移民の一例とする。この事例を移民研究の方法によって分析することを通して、結婚移民が結婚に関する社会的規範という大きな社会構造の当然の結果としてではなく、こうした構造の中にありながらも、

その構造との折り合いをつけ、自らの動機を自分の持っているネットワークを活用して達成するという、移民の姿として描き出すことを第一の目的としている。そしてその結果として、結婚移民は、労働移民との二項対立的なまったく別の事象なのではなく、むしろその相関関係の産物であるということを明らかにしたい。そして、その相関関係から結婚移民を見ることにより、女性移民をより包括的に捉えうる、という理論的な示唆を提示することを第二の目的とするものである。第2章では、こうした理論的関心に基づいて、調査方法と分析枠組みについて述べていく。

第2章
調査地の概要および調査方法

　カートの家は、団地の1階だった。ここは神奈川県のインドシナ難民の集住地域でもある県営団地の一室だ。居間兼食事部屋となっているところには大きなテレビがところ狭しと置かれている。壁にはぐるっとカートといまの夫との結婚式の写真が飾られている。反対側の壁には、日本で言えば神棚に近いようなものが掛けてある。ここは神棚であり、仏壇のようでもある。ここに親族の写真も飾られている。この6畳ほどの小さな一室がカートと子どもたちが自由に使える場所だ。ここが勉強部屋でもあり、遊び場でもある。外は、どこにでもある団地の風景だ。最初に私がカートの家を訪れたのは、2003年の秋だった。甘えたい盛りのカートの娘は、自分の母が日本に来たばかりで妊娠・出産し、すでに10カ月の子どもを抱えていることの大変さを理解していたようだ。だが、母に甘えられない分、誰かにすがりたかったのか、私が少しカンボジア語を理解できることがわかると、自分の勉強を見てもらいたがった。そんなカートの娘に連れられて、彼女の家にやってきたのだ。昭和40年代の高度経済成長期に建てられたこの団地は、典型的な当時の「夢の間取り」の部屋で埋め尽くされている。3畳ほどの小さなキッチンに、居間である6畳が続き、奥にはもう一部屋4畳半の部屋がある。2DKの間取りだ。当時のサラリーマンや給与所得者には夢のような部屋だったのだろうが、いまやこの空間に、夫婦に乳飲み子を含んだ2人の子ども、そして夫の母の5人が住んでいる。夫の前妻との子どもである成人した息子たちも、ここで寝泊りすることがあるらしい。洗濯物が窓際にところ狭しと掛けられている一室で、カートの娘が小さなおもちゃのテーブルのようなちゃぶ台を引っ張り出して、宿題をする様子を、私はずっと忘れられないことになった。

本研究は、私がインドシナ難民の集住地域であるこの神奈川県の県営団地で、この団地に隣接する場所に事務所を構えた NGO で日本語学習のボランティアや生活相談の相談員として働く場所を提供してもらいながら、フィールド調査／参与観察、および実際にインドシナ難民の配偶者として来日した女性たちに対する聞き取り調査を行い、得られたデータに基づいて議論を進めていくものだ。本章では、簡単に調査地である神奈川県と県営団地のあり方と、インドシナ難民との関わりについて、概要を述べていく。だがその前に、簡単に日本社会において、インドシナ難民がどのように認識されてきたのか、そしてインドシナ難民の研究はどのような動向にあるのかを振り返りたい。

──────── 2.1　インドシナ難民をめぐる日本社会の認識と研究動向

2.1.1　マスコミに現れるインドシナ難民

　インドシナ難民は日本の社会でどのように認識されてきたのだろうか。1978 年以降、マスコミでもインドシナ難民に大きな関心が払われた。特に受け入れが開始された 1978 年から 1980 年にかけては、キャンプでの実態や難民の「悲惨」な状況が描かれた記事が雑誌などに登場し、「かわいそう」な難民像が日本に広く流布されることになる。また、それに対して日本が何もしていないことに対しての批判もなされている（朝日ジャーナル 1978)。こうした難民の悲惨さや日本の無策を批判する傾向は、インドシナ難民の定住後時間が経つと、日本社会で難民が受ける生きづらさや、壁があることを描く傾向に変わって行く。読売新聞のデータベースでは 1986 年以降の記事が検索できるが、2009 年までの 23 年間、「インドシナ難民」という言葉が記事に出たものは 313 件だが、そのうちの約 1 割を占める 33 件が 1987 年の記事だ。この年は、タイの難民キャンプから 1985 年に来日し、失業中だったカンボジア難民の男性が、病に倒れた妻とまだ幼い子ども 3 人を殺害するという事件が起きた年だった。この事件の背景として、インドシナ難民の来日の契機や難民の日本における定住の難しさ

などが大きく報道された。この事件と前後した1980年代の後半から90年代初頭にかけては、定住する難民が日本社会において経済的、精神的に大きな困難に直面していることを紹介する記事が多い。また1989年にボート・ピープルに、ベトナム難民を装って中国国籍の人が日本に上陸したという、いわゆる偽装難民問題が発覚し（同時にこの年は、実際にボートで脱出する人の数も多かったのだが）、この年は難民の線引きが問題であるという論調が数多くの記事に表れることになった。それ以降は、姫路の定住センターが閉鎖された95年、大和の定住センターが閉鎖された97年に記事が増加しており、何かが起こると記事が増加する、という形でマスコミに取り上げられている。また2000年に入ると、特に「多文化共生」という視点から取り上げる記事が急増した。NGO活動の紹介とともに、インドシナ難民も日本の「多文化共生」論の中で論じられ始めたことが2000年以降の特徴と言えよう。

2.1.2　インドシナ難民をめぐる研究動向

　一方調査研究については、インドシナ難民の受け入れに関わってきた団体と、行政によって報告書が作成されてきた。受け入れ初期については、日本国際社会事業団が1983年と1985年にそれぞれ調査報告書でアンケート調査の結果を公表し、また難民を実際に受け入れ、定住センターを運営してきた難民事業本部でも1993年に定住に関わる調査結果を公表している。またインドシナ難民対策連絡調整会議がもうけられた内閣官房からは、インドシナ難民の受け入れから10年が過ぎた1989年と20年目にあたる1997年に、節目ごとに報告書が公表された。どの報告書も、基本的にはアンケート調査を行って、その結果を公表するという形式のものである。もっとも新しい報告書としては、2008年に国際移住機関（IOM）が、ベトナム難民の女性だけを対象にして定住と適応についての調査報告をまとめて公表した。これらは、難民の受け入れ団体かあるいは行政による報告書という性質なので、大きくアンケート調査や面接調査を実施して、それによって得られた事実を公表するという形のもので、ここで得られたデ

ータを分析するというよりは、事実に基づいた提言をするという趣旨が強いものだ。一次資料としての価値は高いものの、事実の公表以上の域を出ていない。

　それに対し、学術的な調査での「インドシナ難民」の扱いは、大きく分類して四つある。①インドシナ難民の国内での受け入れ体制についての調査研究（黒木 1981、松本 1986 など）、②インドシナ難民の日本語習得についての研究（吉田 1983、西尾 1988）、あるいは③他国のインドシナ難民受け入れ政策を研究するもの（鎌田 1985、竹田 1990）、そして、④インドシナ難民の現況や定住状況を分析するもの（川島 1991、上隅 1994）、である。四番目のインドシナ難民の定住状況以外は、インドシナ難民が日本でどのような生活を送っているかについての考察というよりは、日本で難民が定住するに当たり、社会構造あるいは社会制度的に何が問題なのかを考察する研究が多いと言えよう。一方、日本に在住する「ベトナム難民」が研究で扱われる場合は、エスニシティやコミュニティのあり方など、前章でも述べたような「移民研究」の視点からの研究が多い。特に、1995 年以降に数多くの研究が公表されている。ベトナム難民の若年層の生活を階級やエスニシティの視点から論じた新垣ら（2003）や、ベトナム難民がどのように日本国外にネットワークを構築するかを論じた志賀（2005）などの研究は、移民論の主流である研究方法をベトナム難民に適用している研究であろう。また、神戸のベトナム人コミュニティを中心にフィールドワークを重ねて、日本で生活するベトナム人が、どのような社会構造の中で生活しているのかを、ベトナム人の職業実態や、コミュニティの形成のされ方などの実態から読み解いた戸田（2001）や、「文化人類学的」観点から関東と関西あわせて 60 件の面接調査を行い、ベトナム難民の「生活」を家族やネットワークの形成、宗教的実践、夫婦の力学の変化、親子関係の変化など幅広く捉えた川上（2001）なども、前章で論じた難民研究で扱っている「政治学的」あるいは「法学的」見方ではなく、難民の社会的側面を論じていると言える。西野・倉田（2003）については、川上にも見られる立場だが、ベトナム難民を難民というよりは日本に在住するベトナム系住民として捉え、兵

庫でベトナム人コミュニティを対象にしたアンケート調査を行った後に兵庫・大阪を中心とした関西圏と神奈川・東京・埼玉を中心にした関東圏でそれぞれ面接調査を行い、親の職場、あるいは子どもの教育などの分野に焦点を絞った、いわゆる「定住」がどの程度進んでいるかについての研究を公表している。

　本書は、こうしたインドシナ難民研究の動向の中でも、立場としては川上（2001）や西野・倉田（2003）と近い。ただし、彼らが描いている中心は、「難民」として来日した人たちの集団であり、本書の対象は、難民が呼び寄せる「移民女性」である。「難民」につながるものの本人たちには難民経験のない「移民女性」を対象とすることで、集団としてのインドシナ難民が、固定的な存在ではなく、新たな移民を引き起こす動的な側面を持っていることを描き出し、インドシナ難民研究の新たな側面を広げることに貢献できるものと確信している。

2.2　インドシナ難民と神奈川県
調査地の概要

　序章でも簡単に触れたとおり、2007 年末に日本に在留するベトナム国籍者は 36,860 人、カンボジア国籍者は 2,474 人、ラオス国籍者は 2,573 人である。このうち、日本への永住を含めた長期滞在の見込みのある在留者（永住者、永住者の配偶者、日本人の配偶者、定住者）は、ベトナム国籍者が 15,472 人、カンボジア国籍者が 1,784 人、ラオス国籍者が 1,732 人である。この合計、約 2 万人近い 3 カ国の出身者が、インドシナ難民とその家族たちであると考えられる[1]。

　さて、この 3 カ国の出身者は日本のどこに住んでいるのだろうか。県別の外国人登録者数を見ると、同年にインドシナ出身者がもっとも多く住んでいるのは神奈川県だ。インドシナ 3 カ国の出身者の外国人登録者数は、ベトナム国籍者が 5,202 人、カンボジア国籍者が 1,529 人、ラオス国籍者が 1,417 人となっている。神奈川県に在留する外国籍住民のうち、約 70

％が「永住者」や「定住者」、「日本人の配偶者」、「特別永住者」などである
ことも勘案すれば、日本に長期的に滞在する見込みのあるベトナム人の約
3分の1、カンボジア人とラオス人についてはほぼ8割が神奈川県に在住
しているといって過言ではないだろう。次いで愛知県、兵庫県と続く。

　神奈川県にインドシナ出身者が多いのは、神奈川県の中央部に位置する
大和市に、インドシナ難民の定住支援を目的とした「大和定住促進センタ
ー」が設立されたことに由来する。来日したインドシナ難民が日本に円滑
に定住できるようにと日本語教育や生活適応のための日本習慣などのガイ
ダンスの提供、就職の斡旋などを目的として設立された定住促進センター
は、1979年に兵庫県の姫路市に、1980年に神奈川県の大和市に、そして、
1983年に東京都の品川区にそれぞれ設立された。難民事業本部によれば、
1981年より主にベトナム人を入所させていた姫路の定住促進センターに
対し、大和の定住促進センターでは設立当初からベトナム、ラオス、カン
ボジアの3カ国出身者を入所させていた。その受け入れ体制が、ほぼ現在
のインドシナ難民とその家族の登録者数の各都道府県での分布と重なるこ
とになる。ベトナム出身者は、神奈川県に5,000人前後、兵庫県と大阪府
に7000人前後と関東と関西に分かれて在住しているのに対し、カンボジ
ア出身者とラオス出身者はそのほとんどが神奈川県に在住している。

　大和定住促進センターを出た後、インドシナ難民は、基本的にはこの
定住センターの周辺である大和市や、神奈川県の県央部に居住することに
なった。図2-1は神奈川県でインドシナ難民が居住する自治体を表したも
のだが、県央部に集住している様子が一目瞭然である。2007年末の神奈
川県内の各自治体の外国人登録者数を見ると、ベトナム人は横浜市泉区に
688人、厚木市に596人、大和市に506人、カンボジア人は平塚市に258
人、相模原市に288人、大和市に170人、ラオス人は綾瀬市に273人が、
厚木市に223人、平塚市に200人となっている (神奈川県ホームページ)。

　この集住傾向を形成した要因は大きく二つあると考えられる。一つには、
神奈川県の県央部がインドシナ難民に多数の職を提供できる環境にあった
ということだ。大和の定住センターでは、日本語や日本での適応研修を受

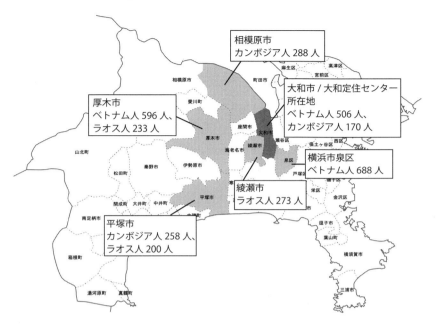

相模原市
カンボジア人 288 人

大和市 / 大和定住センター
所在地
ベトナム人 506 人、
カンボジア人 170 人

厚木市
ベトナム人 596 人、
ラオス人 233 人

横浜市泉区
ベトナム人 688 人

綾瀬市
ラオス人 273 人

平塚市
カンボジア人 258 人、
ラオス人 200 人

図 2-1.　神奈川県内におけるインドシナ難民の集住地域

けて、センターを出る難民に就職の斡旋を行っていたが、ここで斡旋する職の多くが大和市を中心とした場所で得られた。特に、製造業や建設業といった、高い日本語能力が要求されない上に、労働集約型の産業での事業所の割合がこの地域で多かったのだ。大和市内にも製造業の企業がいくつもある。例えば、日本 IBM の研究所や日本ビクターの工場、稲葉製作所などがあり、また食品加工工場も点在している。コンビニエンスストアなどにサンドイッチなどを卸しているフジフーズが大和市内にあり、サイゼリアの神奈川工場もある。当然こうした製造業の工場は、その周辺に下請け、孫請けの工場が存在し、こうした中小の工場が、インドシナ難民の格好の就職先となっていった。現在も小田急江ノ島線とほぼ平行して、藤沢市の江ノ島から北へと走る国道467号線沿いの、特に大和市に入ったあたりから、数多くの工場が林立している。また、大和市と接している藤沢市北部にはいすゞの巨大な工場がある。藤沢市は県央地区には分類されない

が、県央地区に接する藤沢市の北部に自動車工場もあり、やはり大和市や綾瀬市などは、いすゞの下請けや孫請けが多数存在している。

　また、神奈川県の統計資料によれば、市町村別の産業分類別事業者数で、製造業の割合がもっとも高いのが綾瀬市の24.1％、愛川町が18.6％と続いている（地域別事業所数は図2-2参照）。綾瀬市は大和市に隣接する市であり、ラオス出身者が集住している。従業員数を見ても、製造業に従事する人の割合が高いのは寒川町の40.6％、綾瀬市が39.1％となっており、大和市だけでなく、大和市の近隣市町村は、神奈川県でも製造業が集中する地域だったということがわかるだろう。こうした場所が多くのインドシナ難民とその家族を労働者として吸収しているのだ。

　もう一つの大きな要因は、居住地が確保しやすかったことにある。先に見た、インドシナ難民の登録者数の多い自治体には、綾瀬市を除いて戸数500戸を越す大規模な県営住宅が存在する。公営住宅とはもともと住宅に困窮する人向けに建てられた住宅だが、神奈川県は1982年に中国帰国者（いわゆる残留孤児とその家族）、1983年にインドシナ難民に対する入居条件を緩和した。特に「県内に6カ月以上居住すること」が応募条件であったが、定住センターに入所し、日本語や日本適応研修を受けるとほぼ半年が経つことになり、センターにいればほぼ全員が県営住宅の応募条件を満た

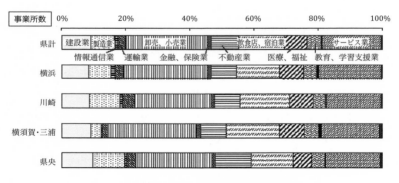

図 2-2.　神奈川県市町村別産業別事業所数

すこととなった。これにより大和定住センターを退所したインドシナ難民
は、退所後即時県営住宅に入居できることになった。結果としてインドシ
ナ難民とその家族が県営住宅に多数入居することになったのである。特に
大規模住宅であれば、より多くのインドシナ難民が住居を得やすい。かな
がわ自治体の国際政策研究会 (2001) によれば、特に外国籍住民の集住化が
進んでいる五つの県営住宅 (いちょう上飯田団地、いちょう下和田団地、横内団地、
吾妻団地、笹山団地、総戸数5,926) での外国籍住民の入居戸数は674戸で総戸
数の11％であり、そのうち、ベトナム籍が217戸、カンボジア籍が116戸、
ラオス籍が82戸である。この3カ国で外国籍住民の総戸数の約60％を占
めている。

　さらに近年この県営住宅の外国籍住民の集住化に拍車をかけているの
は、所得制限による高額所得世帯の退出とそれに伴う空き家の増加であ
る。公営住宅とはもともと住宅に困窮する人に向けて建てられた住宅であ
るが、1996年に公営住宅法が改正されると、公営住宅に居住できる収入
基準は、収入分位25％までに相当する政令月収20万円までと上限が設定
された。この収入基準を超す世帯に対しては、退去勧告が出され、また月
額家賃も近傍の民間アパートと同程度に引き上げられることになる。この
措置により、多くの高額所得世帯 (多くは勤労世代) の退出が促され、空き
家が増加することになった。その結果、多くが所得制限の基準を超さない
インドシナ難民とその家族の世帯にとって、神奈川県の県営住宅がますま
す入居がしやすくなったのである。神奈川県内の県営住宅において外国籍
住民の集住化が問題化してきたのが1990年代後半であることを考えると、
公営住宅法の改正は、外国籍住民の増加の大きな要因であったと言えるだ
ろう。

　そしてさらにもう一つ理由がある。先に述べた五つの団地だが、どの団
地も最寄り駅から最低でも15分は歩かなくてはならない。横内団地にい
たっては、最寄の駅からバスではないとたどり着けない距離にある。どの
団地もアクセスが悪いのだ。結果として、東京や横浜などの都市に通勤す
るサラリーマン世帯にとっては不便である。所得制限とあいまって、こう

した日本人の一般勤労家庭にとっては生活しにくい場所となり、結局空き家が増加することになるのだ。

　第6章でも見ることになるが、定住するということは経済的に自活することがまず第一歩である。神奈川県がインドシナ難民に対して「仕事」と「居住地」という経済的に自活するための必要条件を提供してきたことがわかる。神奈川県の中でも、県営住宅において特にインドシナ難民とその家族の集住が進んでおり、必然的に新たに来日するインドシナ難民の家族の人たちもまた、神奈川県の県営住宅とその周辺に流入することになる。神奈川県はインドシナ難民と非常に関わりの深い場所なのだ。

―――――――――――――――――――――――――――― 2.3　調査方法

　本研究で私が主に使用したデータは、ベトナムやカンボジアから結婚を機会に日本へやってきた女性たちへの聞き取り調査を基にしている。この聞き取りを行う女性たちと知り会うことができたのは、先に述べた NGO で日本語学習サポートのボランティア、あるいはスタッフとしてかかわってきたからだ。2003年の8月に初めてこの団体の日本語学習のボランティアとして関わらせてもらいながら、2009年8月までの6年間、長年定住してきたベトナム人やカンボジア人の人たちと知り合うきっかけを提供してもらった。2003年から2005年までは週1、2回日本語学習サポートのボランティアとして活動に参加するだけであったが、2006年以降は生活相談のスタッフとして、週3日ほど観察を行い、また週1日は子育てサロンに参加しながら、多くの女性と知り合うことになった。そして、こうした日本語教室や子育てサロン、生活相談を通して知り合った女性たちの中で、自分の経験を話してもよいと了解をしてくれた人たちに、聞き取り調査も行った。筆者が聞き取り調査を試みたのは、当事者が結婚と移動をどのように捉えているか、特に日本に定住する局面において、「結婚」という選択肢で来日することがどの程度、自分の生活を認識する際に影響を与えるのか、当事者の語りから聞きたかったことが大きな理由である。生

活相談や日本語教室でのインフォーマルな会話の中から得る知見では得られない、移動当事者の深い意識や、日本に対する認識などを、聞き取り調査から得ようと考えたからである。

　ただし、この聞き取り調査を実施するのは非常に難しいことだった。まず言語の問題があった。私は残念ながらベトナム語はまったく話せないし、カンボジア語は、あいさつ程度は話せるものの、聞き取りができるほどのレベルではなかった。相手の女性たちも、一番長い女性で来日後13年しか経っておらず、ほとんどの女性たちが10年未満、日本語は聞き取り調査に答えられるほどのレベルではなかった。結果として、1人を除き聞き取りには通訳の女性に同席してもらうことになった。だが聞き取りをしたいと思う相手の都合のほかに、通訳の女性の都合があわなければ聞き取りは不可能だったので、日程を調整するだけでも一苦労だ。通訳の女性がいなければ、まず何のために聞き取りをしたいのか、説明することさえできないのだ。たまたま私と聞き取り予定者が何かの場所で話すことがあっても、通訳の女性がいなければ約束を取り付けられない。それはなかなか大変な作業だった。

　ただ、反対に通訳の女性たちが、聞き取りをすることそのものに関心を持ってくれた。通訳の女性たちもインドシナ難民として日本に来た女性たちであり、その意味では、聞き取り対象者からの信頼も厚く、同時に積極的にインフォーマントとなる女性たちに話をしてくれた。彼女たちがいなければ、今回の聞き取り調査はまったく実現しなかっただろう。また、事情がわかると、彼女たち本人が様々な有益な情報を提供してくれた。はっきり言ってしまえば、彼女たちとの会話を通して、日本に来る女性たちの動機が、かなり経済的なものに近いということを確信した。もちろん聞き取りを行った女性たちの話は「動機」や自分の生活についての重要な一次資料であることは間違いないが、通訳の女性たちの役割は、通訳でありつつ、同時に重要な「キーインフォーマント」だったと言える。

　どの聞き取り調査も1人1時間半から2時間かけて行った。場所は彼女たちの自宅、あるいはこの生活相談を行う事務所の一室で行われた。でき

るだけリラックスした雰囲気で、なおかつ普通の会話をしているような雰囲気を大事にしたいと思ったので、メモはとらず、会話を録音させてもらうことにした。また、本来の聞き取り調査の環境としてはふさわしくないかもしれないが、女性たちの未就学の子どもたちが一緒の場合もあった。聞き取りを申し込んだ女性たちの中には、こちらがお礼をしなければならないような状況であるにも関わらず、食事を用意してくれた人たちもいた。その場合は、カンボジアのカレーやベトナムのかに団子の入った汁そばを食べながら、よもやま話の雰囲気のまま、聞き取り調査を行った。

　また、聞き取り調査以外でも、子育てサロンと生活相談のスタッフとして、参加者や相談者とのインフォーマルなコミュニケーションをすることを通して、様々な知見を得られた。実際には、こうしたインフォーマルなコミュニケーションから得た情報の方が、聞き取り調査で得られた情報よりも、量的には多いかもしれない。多くの女性たちから仕事の話を聞き、家族の話を聞き、子どもの保育園の話を聞き、ベトナムやカンボジアの話を聞いた。特に生活相談の内容からは、相談者である女性／男性が現在日本に住む上で、何が問題となっているのか、聞き取りをした女性たちの話の背景を知ることができた。また、子育てサロンを通して、女性たちの結婚観や子育て観なども折りに触れて聞くことができた。これは、直接研究の資料として本文中の中で利用するわけではないが、やはり大きな背景情報であり、研究の進む方向性に大きな示唆を与えてくれるものだった。研究のもっとも大きな「問題の所在」はこうしたインフォーマル・コミュニケーションから導きだされたものであるといっても過言ではない。

　さて、方法として、私が参与観察／フィールドワークと聞き取り調査という、質的調査に基づいて本研究を進めたことには大きな理由が二つある。まず一つ目は、対象者の情報に関する統計資料が皆無に等しいからである。インドシナ難民についての調査はこれまでにさまざまなされてきたが、インドシナ難民の家族の呼び寄せについての統計的資料はほとんど存在しない上調査もなされていない。出入国の記録や外国人登録などを使った調査も可能だが、配偶者の呼び寄せは、「永住者の配偶者等」あるいは「定住者」

のどちらかの資格で行われ、また中には親族訪問、つまり短期滞在用のビザで入国し、日本に滞在中に親族のネットワークを使って配偶者を探す場合もあり、配偶者として入国してきた人の数やその後の追跡をすることは、実質的に不可能である。よって、これらの資格で入国した人たちの中のある程度がインドシナ難民の配偶者として入国したと推測することしかできないのである。当然母数が把握できていない以上、質問紙調査を含めたランダムに対象者を抽出するというような量的調査を実施することは、不可能である。それが参与観察と聞き取り調査という方法を採用している要因である。もう一つは、質的調査の積極的な意義に由来する。今回の質的調査は、多数のサンプルを利用したものでも、サンプルをランダムに抽出したものではない。しかし、対象者が移民を決心するまでの個々の判断、その判断をめぐる構造的な要因、日本に来てからの生活状況、そして彼女たちがどこに心のよりどころを求めているか、またそこにどのようにジェンダーが影響しているかなどは、聞き取りや参与観察を通じてでしか得られない。だからこそ、質的調査を採用した。そのため、本研究は、これがインドシナ難民の配偶者として入国する人たちを代表し一般化するような研究結果を追求しようというものではない。生活支援や日本語教室で出会える人たち、という時点ですでにアクセス方法に大きくバイアスがかかっている。また、所得制限のある神奈川県の公営住宅に住んでいる人を対象として参与観察をしているという意味では、対象者の階層も自ずと限定されたものにならざるを得ない。本研究で利用したデータは、非常に限定的なものであることは、ここで述べておきたい。だが、本研究は、質的調査を通じてしか描けない、個々の行為のあり方などを明らかにできているものと、筆者は確信している。

2.4　対象者の背景

2.4.1　対象者の属性

　調査は、聞き取りと参与観察からなされているが、ここで聞き取り調査

を行った女性たちの背景について少し明らかにしておきたい。今回聞き取りをした女性は合計10人だが、ベトナム出身者6人、カンボジア出身者4人である。年齢は最も高かった女性が48歳、もっとも若かった女性が24歳だ。また、10人中滞在年数がもっとも長い人は1996年の来日で13年、もっとも短い人で2007年の来日で2年（2009～2010年のインタビュー当時）だった。またすべての人が子どもを持っていて、そのうちまだ未就学児を抱えているのは、半数を超す6人である。以下に一覧表を提示しているが、滞日年数が短い人ほど未就学児を抱えている。ほとんどが来日後短期間のうちに妊娠出産を経験していることが分かるだろう。これは第4章で詳述するが、呼び寄せに当たり、自分の叔母に夫を紹介されたという人が4人、夫の母が直接知り合いを通して自分とコンタクトを取って来たという人が3人で、非常に身近な人物からの紹介が日本行きのきっかけを提示している。

表 2-1．聞き取り女性の一覧

	国籍	年齢	滞日年数	子どもの有無 （　）内は未就学児数
ジュン	ベトナム	48	13	有 (0)
トラン	ベトナム	39	10	有 (0)
ラン	ベトナム	37	9	有 (0)
ティン	ベトナム	41	8	有 (0)
ラサ	カンボジア	30	8	有 (1)
カート	カンボジア	32	7	有 (2)
ダン	ベトナム	30	4	有 (2)
パンナ	カンボジア	38	4	有 (1)
キナ	カンボジア	26	3	有 (1)
ホン	ベトナム	24	2	有 (1)

2.4.2　経済的動機とは何か

　また、本書では序章で述べたとおり、女性たちが多かれ少なかれ移民に際し、経済的動機を持つと前提している。だが、その経済的動機とはどのようなことを指すのか。詳細については次章で明らかにするが、本書での認識をここで明示しておきたい。まず出発の段階でどれだけの人が何を期

待していたかだが、この10人の中で、「日本で働く」ことの代替として結婚を選んだ、とはっきり明示しているのは、ダンとランの2人だ。彼女たちは当初「研修生制度」を利用しようとしていたが、自分の思うようにことが進まなかったときに、結婚の話があり、そちらの話に乗ったとしている。彼女たちは明らかに、日本で仕事をすることの代わりに結婚したと話しており、彼女たちが日本へ行く、ということの中には「仕事」ができるという期待感が大きいと考えていいだろう。動機として「自国には仕事がないから」と明確に答えたのはホン1人だけだが、いくら働いても生活が楽にならないと答えた人はティン、カートそしてラサ、「家族を助けたい」という言い方をしたのはトランだ。キナはそこまで強く家族の助けをしたいとは言わなかったものの、自分が外国に行くことで家族が助けられるかもしれないという期待はうすく抱いていた。「未来がない」「年齢が高くて早く結婚したかったから」ということを理由にしていて、特に「雇用機会」や「送金」にまったく触れなかったのは、パンナとジュンの2人である。

　ダンとランのように結婚を労働の代替手段と考えている場合と、「仕事がない」と答えたホンのような場合を、ここでは「雇用機会の拡大＋送金目的」と考える。また「家族を助けたい」としたトランやキナのようなケースは、何らかの形で家族に送金することを通して「家族を助ける」ことを期待しているので、「送金目的」と考える。また働いても生活が楽にならない、と言ったティン、カートとラサについては、日本に行くことで「実質的な賃金の向上」を期待していたと考えられるだろう。ラサの場合は、そのほかに未来がない、と述べており、実質的な賃金向上だけでなく、生活水準の向上を目指していると言える。生活水準の向上を経済的動機と考えるかどうかは、線引きが難しいところだが、本書では経済的動機を持つと考えた。またジュンは、この中で唯一経済的動機を移民の理由にしなかった女性だ。「嫁き遅れ」を理由にしている。彼女は出発に際して明確な経済的動機を持っていなかった。またパンナは特に結婚についての「経済的理由」を語らなかった。だが特にジュンほどはっきり結婚についての意思も表さなかった。その意味ではジュンとパンナだけが出発に際して経済的

動機を明確には持っていなかった、あるいは経済的動機よりも結婚に対する規範などの方が、その理由を形成する上で重要だったと考えられる。

　本書では、基本的に「経済的動機がある」と考えるのは、出発の際の動機に「雇用機会の拡大」や「送金」、「賃金向上期待」などを含んでいる人たちである。

　ただし、来日後に目を転じてみると、その動機に経済的動機を語らなかったジュンもパンナも含めて10人中8人が、日本に来てから送金中、あるいはこれまでに送金経験があるという。図2-3では、動機の経済的動機の有無をX軸に、送金の有無をY軸にして、女性たちを分類した。第一象限と第四象限の女性が経済的動機を持っている人、第二、第三象限の女性が経済的動機を持っていない人である。そして日本に来日後送金をしている人が第一、第二象限の女性で、来日後送金をしていない人は第三、第四象限の女性である。出発前も出発後も経済的動機や送金を語らなかったのは、10人中1人もいなかった。動機については、「経済的」要因を語ら

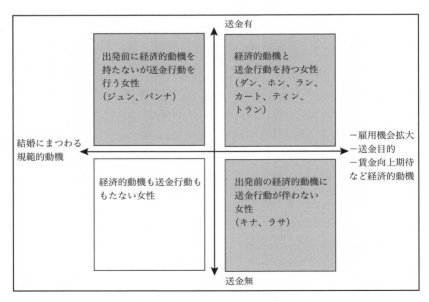

図2-3.　移動の動機と来日後の送金の有無

ない女性でも、結果として「労働移民」の女性と同様の行動に帰結している場合が多いことをここで述べておきたい。

─────────────── **2.5　分析の視点としての「ジェンダー」**

　送金目的、雇用機会の拡大、期待する賃金の向上、などいわゆる経済的動機を持っている人たちが、この動機の達成のために、直接的に労働を目指す労働移民を選択せず、結婚移民を選ぶという主体的行為は、どのような社会的構造の影響の結果なのであろうか。本書が解明しようとするのはこの点にある。結婚に関する研究が明らかにしてきたように、女性は男性との結婚を機に移動するものだからという慣習の結果でもあるだろうし、人口学的な影響ももちろんある。女性たち個人の資質の問題や希望も、もちろん影響をまったく及ぼしていないわけではない。だがそれ以上に、送金目的や雇用機会を求めて移動するという労働移民とも共通する動機を持つ女性たちが、結婚移民という手段を採るのは、Massey ら (1998) が言うように、単なる構造の問題だけでも、単なる個人の資質の問題でもなく、構造的な要因と個人の意思との相互作用の結果なのである。とすれば、明らかにすべきは、女性たちの動機を形作る出身社会における社会経済的要因であり、受け入れ社会で女性たちを必要とする構造的要因であり、それをつなぐネットワークの問題であり、また移民を取り巻く移民政策などの要因である。

　次章から、女性の移動を取り巻く様々な社会経済的要因を具体的に考察していくが、その際に本書が分析の主眼に置くのは、女性であることが意味するもの、あるいは女性に期待される役割について──「ジェンダーの視点」である。つまり女性の持つ動機が「結婚」に向けられるのは、単純にそれが長年その社会で続いてきた伝統的な結婚の仕組みに則っているだけではなく、女性が「労働」するにあたっての社会的意味と「結婚」をするにあたっての社会的意味が異なるからであり、往々にして「妻であること」の「働くこと」に対する優位性が認められるからである。それでは、「妻で

あること」の優位性は、実際にどのような形で女性の結婚移民の決断に、また女性が利用するネットワークに、移民政策に影響を与えているのか。そしてこのグローバル化が進む現在において、「女性が働くこと」とはどのような意味を持つのか。そこで以下の各章では、結婚することを通して女性が必然的に直面する「妻であること」、「嫁であること」、あるいは「母であること」の意味を分析の焦点として、考察を進めていくことにする。

以上の考察を通して、女性が女性に課せられた社会規範という制約の中で、主体的に、「労働」ではなく「結婚」を選んでいく要因を考察していく。またそのことを通じて、女性の結婚移民が「労働」か「結婚」かの二項対立的な関係において選ばれているのではなく、相互関連的な結果として選ばれているということを明らかにする。

注
1　ベトナム国籍の2007年末の数字のうち、残りの2万人は、研修生が6,704人、留学生が2,930人、特定活動7,084人など、難民や難民の家族でない人たちである。また2017年6月末ではベトナム国籍者が238,152人、カンボジア人が9,992人とそれぞれ8倍増、4倍増となっているが、永住者については増加しておらずほぼ同数である。

第3章
「妻になる」決断
——女性の選択肢のあり方を決める構造要因——

「日本に早く行きたいと思ってた。カンボジアでは仕事ないし、すみにくいから」

「(大学には入ったけど) 仕事見つけるのは難しい。海外に行って仕事してみたかった。(家族を支えたいと思うのは) 当然でしょ。」

　これは、日本に結婚を目的として来たインドシナ難民の家族の女性たちの言葉だ。彼女たちは日本に在住する夫との結婚を契機に日本にやってくる。確かに彼女たちは全員「見合い婚」だ。女性たちが一時的に本国へ帰国していた夫となるような誰かと偶然恋に落ちるわけではない。多くの場合は、親族あるいは友人などを介して紹介してもらった人たちと結婚することになる。その点では、彼女たちの結婚はいわゆる伝統的な親族間の結婚の規則に則っているということもできる。しかしだからといって、彼女たちが、親族の都合のみで無理に結婚させられている意志のない女性というわけではない。もちろん親の言いつけに従って日本に来たという女性の話は、フィールドワーク中、耳にしないわけではなかった。しかし大半の女性は、たとえ少ない選択肢の中からであるとはいえ、その結婚を自分たちで選び取って来ている。そのため、ここで考察されなければならないのは、彼女たちの選択がどういう構造の元で決定されたのか、ということである。彼女たちの選択は、彼女たちの出身社会における結婚・家族のあり方を含めた社会規範、雇用や労働環境を含めた経済的状況、移動を可能にする彼女たちのネットワークのバリエーション、そして先進国の移民政策などに影響される。さらに、それぞれが持つジェンダー構造によっても大

きく影響されることになる。

　そこで本章では、女性たちのインタビューに基づいて、彼女たちがどのような状況において日本に行きたいと思うようになるのか、彼女たちの動機を形作る社会経済の状況を把握する。その後、彼女たちの移民の動機を達成しうる手段、つまり彼女たちにとって利用可能だった移民ネットワークについて考察する。そしてジェンダーの視点から、その社会経済的状況及び移民ネットワークについて、それぞれの状況把握が目指される。

　ここではまず女性たちが述べた動機を大きく二つに分けてみた。一つは「ジェンダー規範からの逸脱」である。これには、いわゆる「嫁き遅れ」という女性が高年齢まで独身でいることや、離婚などが含まれる。もう一つは「雇用機会」「労働と対価のバランス」などいわゆる雇用・労働状況に関わるものである。これに「海外への憧れ」が加わる場合もある。そして、この二つの組み合わせという場合がある。離婚経験者の場合は、「ジェンダー規範からの逸脱」が「生活の厳しさ」に直結することになる。その場合はこの二つの組み合わせと見る。また、彼女たち自身の選択に、大きく影響を及ぼす「家族への義務」についても動機を形作る一要因として考察を進めたい。

　その後、彼女たちがその動機を達成するために選んだ手段、つまり「親族の紹介による結婚」という移民ネットワークを利用するに至った社会経済的要因も、他の利用可能なネットワークとの比較を通して検討していきたい。

3.1　動機

3.1.1　ジェンダー規範からの逸脱——嫁き遅れ

　ベトナム社会も徐々に晩婚化が進んでいるという。男性も女性も初婚年齢は年々上昇傾向にある。しかしそれでも、30歳を過ぎれば「嫁き遅れ、売れ残り」といわれるようになる。男性も女性も同様に「嫁き遅れ」といわれるようだが、「嫁き遅れ」といわれるようになった女性は、より一層結

婚が難しくなる。女性の平均初婚年齢が上昇したといっても23歳前後の
ベトナムで、30歳まで独身でいるのは明らかに様々なプレッシャーに直
面することを意味する。Thai (2008) は、アメリカに難民として移り住ん
だベトナム人労働者の男性とベトナムに住む高学歴の女性との結婚の事例
を通し、「嫁き遅れ」となった高学歴の女性が「自分以上」の男性と知り合
うことができなかった経緯を描き出している。また日本でも、DV から逃
げようとシェルターに駆け込んだベトナム人女性が、その来日理由として
「嫁き遅れ」をあげていたと、シェルタースタッフが口にしていた。

　私が実際にインタビューをした女性たちのうち、この「嫁き遅れ」、つ
まり結婚の機会を逸してしまったことに触れたのは、ジュンただ一人だっ
た。ただし、生活相談などで知り合う女性たちの中には、結婚で来るには
ずいぶん年齢を重ねているな、と思わせる人は何人もいた。いわゆる適齢
期において結婚の機会を逃したので日本に来たのだろうと推測させる人は
決して少なくない。

　ジュンが来日したのは35歳のとき。ジュンは現在のホーチミン市、ジュ
ンが子どもだった当時は南ベトナム政府の首都であるサイゴンで両親と
も教師である家庭で育った。当時ほとんどの男性が南ベトナム軍に従事し
ていたにも関わらず、両親が教員であったおかげで、父親が戦争に従軍す
ることはなかった。それは、戦争終結後、北ベトナムによる国家の統一が
なされると、いっせいに軍人たちが強制収容所に入れられたり、再教育キ
ャンプに入れられたりする中で、そうした不遇や差別から免れることがで
きる、という幸運にもつながった。彼女の友人たちの父親が強制収容所に
次々送られる中、彼女の父親は教員であり続けた。そのおかげで、彼女も
ベトナムで一、二を争う進学校に進むことができたという。彼女は大学に
進学し、両親と同じ教員の道を歩むことになる。

　22歳のときからずーっと先生です。でも先生の仕事、やさしくないけど、
けんかもない（ような）仕事だから、先生はみんな女。男の人は一人もいな
い。ボーイフレンドもいない。先生はほとんどボーイフレンドはいないで

す。私は結婚したとき34歳。ベトナムではちょっと遅いです。ボーイフレ
ンドとか誰もいないです。男の人と知り合う機会が無かった。だから誰も
結婚しない。

　ベトナムでの初婚年齢は、1989年に男性が24.5歳で女性が23.2歳、
10年後には男女とも上がったものの、男性が25.5歳で女性が24歳である
(ベトナム女性連合、2000)。50歳以上の人でこれまで一度も結婚したことが
ないとした人は3.3％に過ぎない。つまりベトナムの社会では基本的にす
べての人は結婚するものだ、という前提がある。その中で、女性がたった
一人で独身でいることは、大変なことだ。ベトナムに長期間滞在した経験
をつづっている丹慶 (2006) は、30歳になると男性も女性も一様に「エー
ゾイ」と呼ばれ、「嫁き遅れ」[1]であることを指摘されると述べている。そ
して「嫁き遅れ」になると、「どこか体が悪いのか」、男性の場合「ゲイなん
じゃないか」と声をかけられたという。これはジュンが経験したこととま
ったく同じだ。彼女は、結婚しなかったことによって、「美人じゃないか
ら結婚できなかったんじゃないか」とか「体にどこか問題があるから結婚
できないんじゃないか」とか、周囲に相当うわさされたという。
　そんなジュンがあるときふと独身であることを心配し始める。彼女は教
師という社会で尊敬される仕事をしていた。しかし「一生独身」かもしれ
ないという不安がよぎったとき、彼女は仕事より結婚を意識し始めるのだ。

　　　＊：なんでベトナムでは学校の先生という尊敬される仕事をしてい
　　　　たのに、それを辞めて日本にいる人と結婚しようと決心したの？
　　　　日本では先生にはなれないってわかってたでしょ？
　　ジュン：あ～、ベトナムで結婚しないとき、「きれいじゃないから」、「どこ
　　　　か悪いかな」とか（言われる）。
　　　＊：え～、それはひどいね。
　　ジュン：学校だから女の人いっぱい。男の人はいるけどいやな人だった。
　　　　（学校の同僚もみんな）嫌いだった。だから結婚しなかった。多分チ

ャンスがなかった。そのときはいない。

　　＊：でもベトナムで一生結婚しないのはあんまりいない？

ジュン：そのときはいないです、今はだいぶ変わったけど。生活は大変だ
　　　　から2人で一生、子どもがいる、家を買う。今は女もお金をいっ
　　　　ぱいもらう、結婚もいらない。

　　＊：でもジュンさんが結婚するときはそんな人いなかったんだ。

ジュン：うちを買う、それが普通の生活。年もちょっと高い。「あ〜今は結
　　　　婚しなかったらずーっと独身だから、恥ずかしい。」

　　＊：そうかベトナムでは恥ずかしいって思うのか。

ジュン：今度は結婚したほうがいいかなって。だんなさんはいい人だから、
　　　　それで仕事も変わってもいいかなって。

　もちろん、嫁き遅れになっても結婚の機会は皆無ではないだろう。しか
し、ベトナム・ニュースや The Watch の調査によれば、高学歴女性が独
身でいるのは、女性が自分より「レベルの高い」男性を結婚相手に望むと
いうよりは、男性の方が、学歴が高く成功を収めた女性を妻にしたくない、
と考えていることによるという。

　彼女は1961年生まれなのだが、彼女の20代後半から結婚に至るまでの
10年の間、ベトナムは大きな転換点を迎える。ドイモイ政策により、「反
共分子」としてベトナム政府が認識し、敵対関係にあった在外ベトナム人
の本国への送金を、政府はドイモイ政策に活用しようと考えた。そして
1987年には彼らにベトナムへの入国ビザを発給することになる。「反共」
というかんむりをつけて越僑と呼んでいた彼らのことも、「在外ベトナム
人」と公式な政府文書などで呼ぶようになるのが1994年ごろのことだ（古
屋 2004）。1990年にベトナムへ一時帰国を果たした越僑は36,000人に過
ぎなかったが、1994年には20万人に達し、「在外ベトナム人」が大量に一
時帰国し、ベトナム本国との交流が盛んになる。

　ジュンは自分が結婚したとき、海外からの男性が自分の夫だけでなく本
当にたくさん来て、自分と同じように結婚する機会のなかった女性たちと

結婚していったという。アメリカだけでなく、その他の国に難民として脱
出した男性もこの機会にベトナムへ一時帰国していたようだ。

　　ジュン：私が結婚するとき、みんな外国からいっぱい人がきた。アメリカ
　　　　　　の人も、オーストラリアの人も、カナダの人もいっぱい来て、い
　　　　　　っぱい結婚した。私だけじゃないです。私の学校の友達、国語の
　　　　　　先生も音楽の先生も、理科の先生もみ〜んな結婚した。私結婚の
　　　　　　とき、校長先生が何でみんな行っちゃったのって。いっぱいです。
　　　　　　ドイモイだからみんな来た。私のだんなさん、若いときも結婚し
　　　　　　たい。でもここは日本だから、日本の女の人は言葉が違う。だか
　　　　　　ら結婚するのができないから。でもドイモイになってみんな結婚
　　　　　　のとき帰れる。みんな結婚した。私、申込書100枚とか書いた。
　　　　　　私だけじゃないです。

　　　　　　　　　　　　　　　（中略）

　　＊：だんなさんが最初に来たお話？　あったのかな？　ダンナさんじゃ
　　　　なくてアメリカの人やオーストラリアの人から話あった？
　　ジュン：話あった。でも多分あわない。外国行きたいって言うことじゃ
　　　　　　ないです。だんなさんの前、アメリカの人も、カナダの人もオー
　　　　　　ストラリアの人もいた。でも話したとき、多分あわないと思った。
　　　　　　だんなさんが来たとき、話して、だんなさんいい人、やさしいとか。
　　　　　　家族もまじめな家族だから。私の友だちがだんなさんの弟の奥さ
　　　　　　んだから、この家族は私よく知っているって。だんなさんに合う
　　　　　　と思いました。

　　彼女はオーストラリアやアメリカに住む男性も紹介されたが、結局、一
番「誠実」そうだった日本に難民として渡った今の夫との結婚を選んだの
だという。彼女は、結婚は簡単ではないと何度も口にして、友達のように
簡単には結婚できなかった、だからしっかりした夫と出会うまで結婚をし
なかったのだと、説明してくれた。

3.1.2　雇用機会の少なさ、働きに見合わない対価──女性の雇用と仕事

　私がインタビューした中で、ほとんどの女性が仕事がない、あるいはたとえ仕事をして一生懸命働いたとしても生活が楽になることがないという母国の実情を日本行きの動機として語っている。インタビューに答えたある女性は、それを「未来がない」と形容した。

　ホンは、大学に進学した女性だ。ベトナムで大学の進学率は、UNESCOによれば、2005年度で16％に過ぎない。女性だけに限ってみれば13％と、さらに低くなる。日本の大学進学率がほぼ50％であるのに比べれば、ベトナムで大学に進学できるのはほんの一握りだ。そんな彼女でさえ、日本に来た理由の最初に雇用機会の少なさを挙げた。

> ホン：若い子はみんな海外に行きたいと思っているよ。ベトナムって働く
> 　　　　機会が少ないから、もし海外に行く機会があれば、みんなそうした
> 　　　　いと思ってる。学生たちはみんなそうかな。
> 　＊：海外で働きたいってこと？
> ホン：うん、働く機会があったら働きたい。ベトナムの企業は給料とかも
> 　　　　安いし、働くところも少ないし。でもベトナムに進出している外国
> 　　　　の企業とかだと、サポートとかもいいし、給料もいいし、ベトナム
> 　　　　の企業と比べると全然上だから、そういう企業に入りたいんだ。
> 　＊：それなら別に日本の企業で働ければよかった？　例えばサイゴンの
> 　　　　大学の周りとかにある日系企業とか、ベトナムの企業とか？
> ホン：あったけど、そんなにたくさん無いし、採用基準とかも高いしね。

　彼女が来日したのは、2007年だ。彼女が生まれた1985年の翌年から、ドイモイ政策が開始され、政治経済の改革解放からすでに20年が経っている時期だった。その後1995年の米国との国交正常化を境に、外国からの投資も、送金も格段に増えていく。GDPは1990年以降毎年平均7～8％の割合で伸び続け、1997年のアジア金融危機でもほとんど影響を受けることなく、海外からの直接投資が続いた。実質的一人当たりGDPは

1995年の288ドルから2004年には533ドルとほぼ倍増した（ASEANホームページ）。また、1995年以降ベトナムの産業構造は農業に依存した構造から、非農業に転換した。しかしそれは必ずしも労働力の主力が賃金労働に移行したことを意味するわけではない。賃金労働者として働いているのは、男性労働力のうちの40％、女性労働力のうち26％に過ぎない。つまり女性のうちの4人に3人は大学を出たとしても「雇用される」わけではない。

　「雇用される」わけではなければどうやって働くのか。いわゆるインフォーマル・セクターでの労働者だ。非熟練で農業ではない自営業に従事している女性は都市部で70％（男性58％）、農村部では67％（男性は49％）である。つまり都市部においても農村部においても、7割近くの女性がインフォーマル・セクターに従事しているのだ（World Bank 2006）。こうしたインフォーマル・セクターでの労働は、不安定でなおかつ賃金が安いことは周知の事実である。大学を出たとしても、インフォーマル・セクターで働かなければならないとすれば、女性の多くがそれを「仕事がない」という捉え方をするのは、当然のことかもしれない。

　そんな中、若い男性も女性も海外での労働を夢見ることになる。1986年のドイモイ政策以降、在外ベトナム人からの投資は増加した。また、1991年にカンボジア問題で紛争に至った中国との国交正常化、1992年に日本が円借款を再開、1994年に米国の経済制裁解除、1995年のASEAN加盟と米国との国交正常化など、国際関係が安定化すると、それに比例するように外国からの直接投資が増大することになった（古屋 2009）。1994年以降、2004年までの直接投資額は約2倍増、投資件数も2倍増になっている。外国からの直接投資が増えれば、当然ベトナムに進出する海外の企業も増え、その企業を通じて、若者たちが海外へのつながりを持とうとするのだ。

　ホンは外資系企業で働くことを夢見てかなわなかったが、ダンは、インタビューをした女性の中で、最終的に商品が日本へ納められる着物工場で働いていたという経歴の持ち主だ。「労働者＝研修生」での日本行きも試そ

うとした女性だ。彼女の両親は、ベトナムの中部で小さな商売をしていた。6 人兄弟の上から二番目で、女の子の中では一番上だった。中学校を卒業する前に家族が病気になり、中学を卒業することができなかったという。そんな彼女は中学を出て両親の仕事を手伝っていたが、17 歳で日本行きの研修生に応募する。

　　＊：ダンナさんと知り合わなかったら日本に来たいと思わなかった？

　ダン：もし日本にいる人に知り合えなかったら研修生みたいな制度を使って、海外に行って仕事したかった。実際に 17 歳のときに研修生に応募したの。でも 18 歳以降じゃないと応募できないってことだったので、結局そのときはダメだった。研修生での行き先として日本を選んだんだけど、でも日本のことをそれほど知ってたってわけじゃないんだ。桜とか富士山がきれいだったから、ただそれだけだったんだけどね。（ベトナムから）一番最初に研修生として行けたのは台湾と韓国だったんだ。でもその後、日本に研修生の制度ができたの。そのときは 10 人中 10 人が日本を選んだかな。日本が一番経済的に発展してるからね。研修生に応募するときには、夜間の学校に行き始めてた。でも中学校をきちんと卒業していなかったし、友達についていけなかったし、勉強したいって言う気持ちもなくなっちゃって、4 カ月くらいで辞めちゃった。その後は両親の手伝いをしてた。シスターが開いている工場で働いてたの。その工場では着物の刺繍を手伝う仕事だった。サイゴンから材料を取り寄せて刺繍するの。刺繍は手縫いだった。

　　＊：ダンさん刺繍できるんだ？

　ダン：刺繍を勉強してた。っていうかその工場で刺繍を教えてくれたの。ただで。その代わり働いたんだけどね。もし腕を上げたら個人でデザイナーとなってもいいっていうところだった。それで月 30 万ドン（日本円で約 1,800 円）。腕がいい人は 4、50 万ドンもらってた。だからますます日本への憧れが強くなったかな。

＊：そんなときに日本の人と知り合うことがあったの？

　ダン：その刺繍の仕事は３年続けたんだけど、辞めたの。辞めた２カ月後
　　　　くらいに、（日本に住んでいる）叔母さんがベトナムに遊びに帰ってき
　　　　て、そのときだんなさんを紹介された。

　彼女の話が示しているのは、いわゆる Sassen (1984) が言う、海外の直接投資が文化的なイメージを現地に植え付け、それが移民の予備軍になる、という理論を如実に具体化しているということだろう。日本と関係のある職場は彼女に「文化的」なイメージを提供したが、実際に豊かな生活を提供したわけではなかった。彼女が１カ月にもらっていたお給料は30万ドン（1,800円）。2001年のベトナム全国の平均賃金が民間企業で87万ドン（海外労働時報 2002）であったのに対して約３分の１だ。決して高額ではない。彼女の工場は都市部ではないにしろ、それを差し引いたとしても、かなり生活が厳しかったのは間違いない。日本に関連する工場での雇用は、日本への「憧れ」を強くするものではあっても、安定した雇用を提供しているわけではない。彼女の生活は雇用されても厳しいままなのである。それならば、ベトナムにある日本関連企業よりは、何とか日本で働いて送金したほうが格段に多額の金額を家族が手にすることができる。そのために日本行きを考えるというのは、自然な成り行きかもしれない。まさに Sassen が言うとおり、日本との接点は彼女を「移民の予備軍」としたのである。彼女がその工場での勤務を辞めた２カ月後に、日本に住む叔母から夫のことを紹介されて交際を始めた。そして日本とベトナムを結んだ何度かのデートの後に結婚、日本にやってきたという。

　「雇用がない」「生活が立ち行かない」ことについて言えば、カンボジア女性はさらに厳しい状況にいる。近年内戦の疲弊から立ち直りつつあるカンボジアには、外資系の企業も侵出し始めた。特に繊維産業などいわゆる軽工業の工場の林立は目覚しく、農村地域の若い女性たちに格好の雇用機会を提供することになっている。しかしそれが女性の雇用の完全な拡大を意味するかといえば、そうではない。Asian Development Bank のジェンダ

一評価 (2006) によれば、賃金労働に就く女性の割合は、1990年代前半より大幅な増加を見せたとはいえ、2001年の調査では14％に過ぎない。つまりほとんどの女性は雇われていても、賃金を得ていないか、あるいはいわゆるインフォーマル・セクターでの自営業などにとどまっているのだ。さらに、カンボジアではたとえ雇用されたとしても、その賃金は非常に少ない。

ラサが日本に来日したのは2000年、彼女が19歳のときだ。彼女はカンボジアとタイ国境の州であるプーサットで生まれた。母親は教師をし、父親が商売をする家庭だった。彼女は高校卒業後、教師になろうとしていた。看護師にも興味があったものの、看護師になるには遠くの学校まで通わなければならず、学校の教師ならば自分が出た高校でその資格が満たされるからだ。教師といえば、決して悪い仕事のようには思えないが、彼女がインタビューの一番最初に言ったことは、「未来がない」という言葉だった。

　　カンボジアの生活、例えば社会に出たら、働いても働いても生活できない。家族に平凡な幸せ、暮らせない。日本は力があれば、家族は平凡に幸せに暮らせる。でもカンボジアではそうじゃないから。カンボジアには未来がない。カンボジアは安定してないから。

彼女は、教師になりたいと夢見ていたし、母親が教師だったという環境だったにも関わらず、カンボジアでは普通に働いても家族に平凡な幸せが与えられないと語っている。カンボジアでは公務員の平均給与は月額20ドル。毎月決まって支払われないことも頻発する状況で、公務員が仕事の後に副業をするというのは当たり前だ。彼女はこうした生活を知っていた。

ホンにしろ、ダンにしろ、ラサにしろ、口をそろえて言うのは、「仕事がない」、あったとしても「生活ができない」ということだった。男性も仕事がなかなか見つからないというのは同様かもしれない。しかし、たとえホンのように大学を出たとしても、「自分の生活＋少しのゆとり」を持つ機会は、女性に場合はより少ない、というのがベトナムとカンボジアの現状なのだ。

3.1.3　生活が立ち行かないこと、そして離婚

　ラサと同じように、日本に来た理由を「働いても、働いても生活できない」と語ったのはティンだった。彼女が日本に来たのもラサと同じ2000年で、彼女が32歳のときだ。しかしラサと大きく異なるのは、彼女は20代前半のときに結婚し、一児をもうけた後に、離婚を経験していた。晩婚化と同じく、離婚もベトナムでは増えているものの、決して歓迎されているものではない。もちろん、子どもを連れて離婚をするというのは大変なことだ。彼女は積極的にいろんな商売を始めて自分と子どもを支えようとしてきた。裁縫の仕事もして、ミシンの技術もあったので内職などをしながら働いてきた。彼女が日本にやってきたのは再婚だった。そのため、「労働に見合わない対価」だけが彼女の移動の動機ではなく、いくつかの要素が複雑に絡んでいると思われる。しかし、彼女は、日本に来て良かったと思うことの中に、日本では働けばそれだけのお給料がもらえるということを挙げていた。

　　日本の場合は、仕事に関して言えば内容は大変だったんだけど、ただもらっている給料と生活を考えると、生活できる範囲だから、そんなに生活面では大変じゃない。自分の労働力も給料の価値と等しくもらってるって思うし。ベトナムの場合は、ずっと働いていても、お給料が少なくて。自分の労力に対して等しくないかな。生活とお給料がつりあわないから、本当に大変だった。
　　日本の生活は全然安定していると思う。2人で仕事していれば、生活が安定できる。今は不況だから仕方ない。ベトナムは毎日の生活が大変で、例えば誰かに雇われて工場とかで働いてお給料をもらったとしても、給料と生活費の差が大きくて、本当に安定できない。それに比べれば日本はいいかな。

　経済がベトナムよりずっと向上していないカンボジアでも、女性は同じような経験をする。ティンと同様の経験をしているのが、カンボジアのカ

ートだ。カンボジアの民間セクターでの雇用は、なんと 90 ％がカートと
同じようなインフォーマル・セクターでの自営業によるものだ。特に女性
が離婚した場合、そのほとんどは仕事を見つけるのも難しく、こうした
インフォーマル・セクターか農業で生活を立てるしかない。彼女は結婚し
一児をもうけたものの、結婚に失敗し離婚する。そのために、彼女も一人
で子どもを育てなければならかなった。彼女はそのために小学校の前で
カキ氷やおかゆを売る屋台をやっていたという。山瀬（2005）は、カンボ
ジアの農村社会において頻発するドメスティック・バイオレンスを助長す
る要因として、離婚が社会的には認められていないということを挙げてい
た。カンボジアにおいては「夫なしで暮らすことは、たくさんの困難に直
面する」ことであるので、少しの暴力でも我慢してしまう、ということを
述べていたのだが、カートはその「夫なし」の状態になったのだ。夫がい
ないことが社会的に認められていない上に、子どもがいるとすれば、社会
的にだけでなく、経済的にも難しい状態におかれることは間違いないだろ
う。世界銀行の報告書では、ただでさえ貧困率の多いカンボジア社会の中
で、もっとも貧しく、なおかつ社会的に脆弱な位置にあるのは女性が世帯
主でなおかつ小さな子どもがいる家庭だとしている。そんな彼女にとって、
日本に住む男性との結婚は、「苦しい生活」からの脱却手段だったと言える。
彼女はこう語っている。

　　＊：だんなさんは、（日本にいる）お兄さんの紹介？
　カート：叔母さんも日本にいるのね。平塚に。叔母さんが紹介してくれた。
　　　　　ヒン叔母さんって言うんだけど。その叔母さんが難民キャンプに
　　　　　いるときから、今のだんなさんを知ってたんだって。自分は一度
　　　　　離婚を経験してたからまただまされるんじゃないかって心配だっ
　　　　　た。でも叔母さんがダンナは性格はよくわかってるし、大丈夫だ
　　　　　よって。叔母さんが一度カンボジアに遊びに来てね。そのとき会
　　　　　ったんだけど、そのとき本当に自分の生活が苦しくて。カンボジ
　　　　　アにいるときは屋台でご飯とカキ氷を売ってたんだ。

屋台でご飯とカキ氷を売る仕事では、働いても働いても生活が楽にならないはずだ。カンボジアでおかゆ1杯は安くて500リエル、高くても1,500リエルほどだ。4,000リエルがだいたい1ドルなので、安い場合は1杯15円程度にしかならない。そこで彼女の日本に住んでいる叔母さんが紹介してくれた現在の夫との話に乗ることになったというのだ。

　以上のように、聞き取りに答えてくれた女性たちは、教師として安定した仕事をしていた女性や、大学に進学した女性から内戦で小学校までしかいけなかった女性まで、様々な社会出自にあり、当然その後の社会での位置づけも必ずしも同じではなかった。比較的様々な社会的背景を持っていたと言える。それにも関わらず、結果として多くの女性が何らかの形で経済的な困難さを移動の動機としてあげていた。またそれと同時に社会的に結婚しなくてはならないという規範が働いている社会において、「未婚」「離別による寡婦」の状態でいることの難しさが、さらに女性の生きにくさに追い討ちをかけている。彼女たちは国外脱出をこうした経済的な状況の改善を含めた、本国で生きにくさの改善の手段と考えていることがわかる。

　ただしこれまでの理由は、女性たち本人がどのように生きにくいか、という側面を追ってきた。しかし彼女たちが「海外に出たい」と思う理由には、もう一つの側面がある。自分たちが生きていくことに加え、「家族」に楽をさせてあげたい、という理由だ。

3.1.4　家族への役割とジェンダー、送金とジェンダー

　ベトナムやカンボジアの社会において、「家族」の幸福とはある個人の行為を規定する重要な要素である。移民研究においては、移民は「世帯戦略」であるとの見方もあるように、家族への義務と移民は切っても切れないものがある。本書では、女性たちの移動が家族の「世帯戦略」の犠牲者であるかのような立場はとらないつもりである。しかし、家族への義務は女性たちの決断に大きな影響を与える、という見方には同意したい。ほとんどのインタビューで、女性たちは家族への責任感を語っているし、また、家族への仕送りについて、しているあるいはしていた経験があると話してい

たからだ。多くの女性たちは、現在月に100ドルから200ドルの送金をしているか、あるいは今までしていたが、日本での生活が経済的に厳しくなったために仕送りができていないという人ばかりである。

　仕送りをするというのは、彼女たちにとってはある種当然の出来事のようだ。例えばホンはこう語っている。

　　　＊：そうだよね。やっぱり海外で働いたら、家族を楽させてあげたいなっては思うんだよね。
　　ホン：うん、それは、まあ当然かな。ベトナムのお金って安いし、生活水準も高いし、向こうにいる家族が困ってたら、助けてあげたいっていうのはみんな思ってることだよ。
　　　＊：今もお姉さんとかお兄さんとか、結婚しちゃったお兄さんやお姉さんっていうのは家族を手伝ってあげるものなの？
　　ホン：ベトナムの給料ってすごい安いから。お兄ちゃんお姉ちゃんは、結婚して家族がいるからね。

　また、自分の子どもを連れてきたティンは、自分の兄弟に対しての義務感は感じないが、親には感じるとしていた。現在は夫婦2人とも失業しているので難しいが、やはりそれまでは親に月々100ドルほどを送っていたという。

　本国に夫も家族を残してきているというジュンの場合は、具体的な額は口にしなかったものの、夫の家族と自分の家族の双方に仕送りをしていると語っていた。

　一人一人が家族を思って送る送金額は小額かもしれない。しかし海外在住のベトナム人やカンボジア人がそれぞれに送れば非常に大きな額に達するのは言うまでもないだろう。今や、在外ベトナム人の送金額は2003年には年間20〜25億ドルにのぼるといわれ（古屋2004）、ベトナム経済の行方を握っているといってもいい額になっている。ベトナムやカンボジアの国民が海外からの送金でその消費行動を変えることすら可能なのだ。そし

て、こうした「誰でも家族を思って送金する」という実態は、新たに外国へ出国する人たち、およびすでに何年も海外に住んでいる人たちに対しての、送金期待という圧力にも転じてしまう。フィールドで何年か一緒に仕事をした女性が言うには、ベトナムでは海外に親戚がいれば大金持ちになれると、周りがみんな思っている。だからもしベトナムに一時的に帰国すれば、近い親戚だけでなく、遠い親族に対してまで、みんなにお金を渡さなければならないから大変だという。また他のカンボジア女性でも、やはり一時帰国のときに1週間で5,000ドルも使ってしまったと嘆いていた。

　また、その送金パターンで男女に差があることも指摘されている。Asian Development Bank の調査 (2008) によれば、男性の送金額は基本的に大きいが、継続的ではないという。その一方、女性が送金する場合、送金額は少ないが、継続して定期的に送るという。こうした女性の送金行動も、本国に残る家族にとっては、女性に対してより確実な送金を期待させる要因となることは明らかだ。移住する女性たち本人が送金するかしないか、ということではなく、家族が海外へ移住するその娘や兄弟たちに、送金を期待することが常態化している。彼女たちが移動する時点において、送金期待はすでに所与のものなのだ。女性の家族への規範や、女性を取り巻く送金期待に女性たちは常にさらされているということになる。

　インタビューを受けた女性たちの中で当初から送金を目的として国外へ出た、と口にする人はいなかった。しかし、移動することによって得られる対価に対する期待と家族への役割を果たすことへの期待が高い社会であることは明らかであり、こうした社会的背景は、女性の移動の動機に大きな要因を与えていると言える。

───────────────── 　**3.2 「妻になる」か「おしん」か**
　　　　女性が「働きに出ること」と「結婚すること」の間にある序列

　前節では女性たちの動機をめぐる社会的要因を考察してきた。女性たちが国外へ出ることを望むのは、女性により厳しい雇用状況であり、ジェン

ダー規範であり、それによる生きにくさを改善することであった。それではそれがなぜ「日本にいる男性」との結婚という手段により達成されることになるのだろうか。それには、「結婚」という方法とそれを相対化するために「労働」で出る方法との双方を比較した上で、その要因の分析を試みる。その前にまず彼女たちにとって海外に出るということがどのような意味を持つのか、簡単にベトナムとカンボジアからの「国際移動」について振り返ってみたい。

3.2.1　海外へ行くということ

　ベトナム人やカンボジア人にとって、生活の場を海外へ移したいという考えは、めずらしいものではない。古くはフランスの植民地時代から宗主国であったフランスへ渡る人たちがいた。ベトナムの独立と南北統一のために生涯をささげた指導者ホーチミンや、カンボジア全土を原始共産主義社会として成立させようとし、カンボジアの人民を虐殺の恐怖に陥れたポルポトとその政権幹部も、全員フランス留学経験がある。ベトナムの独立運動を支える運動がフランス在住のベトナム人によって行われていた時代もある（古屋 2004）。

　しかし、それが一般市民のレベルで、親戚の誰かが国外で暮らしている、という状況になったのは、ベトナム難民やカンボジア難民が大量に国外に脱出し、先進国などに庇護を求めて以降のことだ。ベトナムは総人口8650万人、総世帯数が2000万世帯ほどに対し、在米ベトナム人は120万人、在オーストラリアや在カナダのベトナム人はそれぞれ10万人ほど存在すると考えれば、ベトナムの15世帯に1人は在外の親戚がいる勘定になる。またカンボジアでも人口1400万人ほどで、総世帯数が500万世帯だとすると、在米カンボジア人は14万7千人。こちらは5世帯に1人は海外に親戚がいる計算だ。

　ただし、両国ともベトナムやカンボジア全土からまんべんなく海外に出国した人を抱えるわけではない。ベトナムについて言えば、難民の多くは基本的には南ベトナム政府か、あるいはそれを支援していた米国政府に関

連した政府要人、軍人などによって占められており、特に日本に来ている人たちは、そのほとんどが南部から中部にかけての出身だ。カンボジアの場合は、ポルポト政権崩壊後の内戦から脱出した人たちは、ベトナムやタイの国境に逃れたが、国連の難民キャンプがタイの国境に設立されてここに逃げ込んだ。そのため比較的タイの国境に近かった州の人たちやプノンペン周辺の出身者が多い。とすれば、先のベトナムでは15世帯に1人、カンボジアでは10世帯に1人という在外親族を持つ割合は、地域を限定して言えばもっと高くなる可能性もある。そして、こうした先進国在住の親族の存在は、ベトナムやカンボジアの一部の人たちにとっては親族ネットワークとして移民ネットワークに転化することになる。実際、在米のベトナム人が家族を呼ぶ現象は、序章でも見たように、いまや難民の入国を上回っているのだ。

　ただし、ベトナムでもカンボジアでも、海外に出るルートは親族頼みだけではない。ベトナムではベトナム戦争終結後、カンボジアでは内戦が落ち着いたころから親族を頼る以外にも海外へ出て行くルートが確立されていく。アメリカとの戦争終結後にカンボジア侵攻したことによって西側からの援助すべてが凍結されたベトナムでは、国内の余剰人口を労働者として旧共産圏に送り出してきた経緯を持つ。東ドイツやソ連、そしてチェコなどにもベトナムの労働者は派遣されていた。それが冷戦により共産圏という社会が崩壊すると、その行き先が大きく変更することになる。地理的な近さから言えば、同じ東南アジアの国であり、その中でも経済発展がもっとも進んでいるマレーシアに、さらにいわゆる「四つのタイガー」といわれた新興工業国（NIES）でもある、韓国や台湾などにも多くの労働者が出向くことになった。また、ダンが話していたように、日本では労働者として扱われていないものの、ベトナム人の発想からは労働者でしかない、研修生制度[1]を利用した労働者が大量に日本に流れ込むようになった。今やこの4カ国だけで、ベトナムから海外へと向かう労働者の80％を受け入れているという。またベトナム政府はそれ以外にもアメリカやイタリア、オーストラリアといった国々にも労働者を派遣しようとしているとい

う（Asian Migration Center 2005）。労働者を海外に派遣し、海外で雇用先を確保することは、今や国家の事業だ。海外派遣労働者管理局という部局がベトナム政府に設置されており、またベトナム政府は年間10万人の労働者を海外で雇用させることを目標としているという（Asian Migration Center 2005）。実際2005年には、目標の約7割に当たる70,600人を海外に派遣している。またベトナム人を海外へ送り出すための制度も着実に増えている。ベトナム人が日本に「労働」に行く場合、「研修生」制度を利用するこが可能になった。韓国に行く場合、日本と同様の「研修生」制度が利用可能であるが、そのほかに韓国政府が設けた単純労働者受け入れのための3年間の労働許可を利用する方法もある。

　この海外への雇用機会の増大は、特に女性に影響が大きい。世界銀行の報告（2006）では、海外に派遣される労働者に対する女性の割合が年々増加しているのだ。1992年には28％に過ぎなかった女性労働者が、2003年には37％になり、翌2004年には54％と男女が逆転する。その意味でいえば、ベトナムから海外で仕事を見つけることは、女性にとってどんどん容易になってきていると言える。ただし海外での雇用機会の増大の結果、どの産業でも容易に女性が参入できるようになったというわけではない。ほとんどの女性たちは、家庭内での家事労働者か、繊維工場の低賃金労働者、あるいはレストランなどのサービスセクターに従事することになる。また労働者の流れは、合法的なルートだけに限らない。ベトナム人女性の多くは人身取引の結果として、隣国カンボジアに行く。日本労働研究機構の海外時報（2000）では、カンボジアにいる3万人の性風俗産業の女性のうち、40％がベトナム人女性だという。こうした女性たちは、もちろん合法的に移動するわけではなく、だまされたり、様々な手続きが合法でないルートで移動することになる。さらにもう一つ、ベトナム人女性にとっての移動は労働移動だけではなく、別のルートがある。それはブローカーを利用した韓国や台湾への国際結婚である。2003年から2005年の間に、31,800人が結婚によりベトナムを離れたが、そのうちの70％が台湾へ向かっている。こうしてみると、ベトナムから出国する移民労働者の

流れも「女性化」と「再生産労働の国際分業」の典型例として位置付けられる状態にあると言える。

　同じくカンボジアも、労働者として自国民を海外へ送り出している。ただし、カンボジアの移動労働の流れは、難民の流れとまったくの無関係ではない。1992年まで内戦状態にあったカンボジアにとって、ベトナムのように早くから自国の余剰労働を海外に送り出すという方策を採ることは適わなかった。しかし、人口の1％近くが難民としてタイの国境に逃げ出し、1993年にタイからの帰還が始まると、多くの若者はそのままタイで不法に滞在し続けることを選んだ。カンボジアに帰国しても、生活水準を維持することは難しかったからだといわれている (海外職業訓練協会 2006)。それ以降、現在まで、カンボジアからの移民の一番の受け入れ先は、この西の隣国のタイである。1400万人ほどの人口の約1％強に相当する約18万人がタイに正規の形で労働者として働いており、非正規の移民がほぼこれと同数タイに存在すると考えられている (Asian Migration Center 2005)。また、1996年にはマレーシアとの二国間協定で、カンボジアの労働者がマレーシアで合法的に働けるようになり、マレーシアでは2006年までに6600人程度のカンボジア人が働いている。

　ここでも注目したいのは、カンボジアからマレーシアへ移動する労働者の大半が女性だということだ。1998年と1999年の2年間は女性しか派遣されておらず、2000年に男性の数が女性を上回るものの、その後は一貫して女性の方が、それも圧倒的に多く派遣されているのがわかるだろう。そして、もちろんこの派遣労働者の女性の大半は家事労働者となっている (Asian Migration Center 2005)。

　また、韓国への派遣にも歴史があり、1990年代初頭にタイでのカンボジア人の就労者がほとんど非正規だった時代から、韓国もカンボジア人の合法的な受け入れを行ってきた。特に日本と同様「研修生制度」を導入している韓国では、この研修生制度により長くカンボジア人を受け入れてきた。さらに、東南アジアの家事労働の女性を大量にひきつけてきたサウジアラビアへも、2005年、カンボジア女性が派遣されている。

表 3-3.　マレーシアに派遣されたカンボジア人労働者の推移

年度	総数	男性	女性
1998	120	－	120
1999	86	－	86
2000	502	307	195
2001	846	342	504
2002	1,049	246	803
2003	573	73	500
2004	809	105	704
2005	1,776	467	1,309
2006	895	267	687
累積	6,619	1,807	4,908

出典）Asian Migrant Yearbook　2005。

　そして、これもベトナムと同様だが、カンボジア人女性も実は韓国や台湾へ、国際結婚により相当数が国際移動をしている。カンボジアウォッチによれば、2004 年に在カンボジア韓国大使館が発行した婚姻ビザの総数は 74 件だったのに対し、2007 年は 1759 件と急増していたという。これが国際移住機関の調査でカンボジア人女性が悲惨な状況に陥っていることが明るみに出て、国際結婚の禁止令が出たほどだ。もちろん、韓国だけではなく、台湾にも結婚で移動していた。私の個人的な経験では、台湾人などが経営する中華料理店が、最初はウエイトレスとして働かせていた女性たちを、台湾人男性に紹介して手数料を取っていたと思われる。

　カンボジアからの出国も、ベトナムと同様、「移民の女性化」と「再生産労働の国際分業」の流れの中に大きく組み込まれているのだ。

3.2.2　海外で働く／海外で妻になる？

　ベトナム人にとってもカンボジア人にとっても、海外に生活の基盤を移すことは、雇用を見つけることであれ、結婚することであれ、決して不可能なことではない。その意味では女性たちの「生活が支えられない」「仕事が無い」といった経済的な動機は、労働者として国際移動することで達成しようとしても、まったく不可能なわけではない。しかしそれでも彼女たちは結婚を選ぶ。そこにはもちろん、女性が就かなければならない仕事とジェンダー・イメージが大きく関わっている。

そのことを如実に語ってくれたのはダンだった。彼女には、直接なぜ家事労働者にならなかったのか、とは聞かなかった。代わりに、周りに台湾などでメイドとして働く人がいたかどうか、というのを尋ねてみた。

　　＊：ダンさんがって関係ないんだけど、台湾とか韓国にメイドさんみた
　　　　いので行ったりとか、ケアの介護士さんとかで行ったりとかするっ
　　　　て聞いたことあるんだけど、ダンさんの周りにはいた？
　ダン：おしん？
　　＊：え、おしん？
　ダン：おしん、おしん。
　　＊：おしんって言うんだ。
　ダン：そう、そう。おしん、いっぱいいたよ。
　　＊：でもダンさんはそれで（海外へ）行こうとは思わなかったの？
　ダン：私は中部の出身なんだけど、中部にいる人はだいたい韓国にいくん
　　　　だよね。韓国か日本が行き先なの。韓国は台湾と比べて給料もいい
　　　　し。生活もいいから、だからみんな韓国か日本に行くの。中部にい
　　　　る人たちは台湾に行かない。ただ南部の人たち、サイゴンよりもっ
　　　　と南の方の人たちはあんまり情報がないから、台湾に行くのかな。
　　＊：韓国の方がいいんだっていうイメージがあるんだ？　日本人から見
　　　　るとよくわからないんだけど。
　ダン：一番最初が台湾で、その次が韓国、一番いいのが日本かな。
　　＊：でも仕事で行くのは、おしんで行くのはイヤだったんだ。
　ダン：そうだね。イヤだった。

　ダンの「おしん」という言葉には、ベトナムで家事労働者がどのような位置づけにあるのか、象徴的に表していると言えるだろう。メイドの仕事とは、いわば召使だ。Momsen（1999）は家事労働者の歴史を説明する中で、特に東アジアのように20世紀に入っても、奴隷のような慣行が行われていた国々では、家事労働者が使われており、また Higman（2002）は例え

ばジャマイカのような、いわゆる「二重経済」が存在していた国では、新興のブルジョワジーが召使を抱えるような層として出現すると、召使の社会的位置づけが低くなり、召使になる層がそれをいやがって失業者のままでいる状態が起こると指摘した。もちろんベトナムやカンボジアなどの植民地経験国は、二重経済が存在しており、この Higman の指摘も十分当てはまるといえよう。それは男性にとっても女性にとっても同様であろうが、実際に召使は女性の方が多く、そしてその召使は「おしん」がその象徴となった。「おしん」のようにつらくて耐えることばかりで、あまつさえ召使になるよりも失業状態の方がいいと思われるような仕事と捉えられている。

　現実的に女性たちが合法的に海外で仕事を得ようとすれば、職種は非常に限られるのは前述の通りだ。ベトナム人女性ならば韓国や台湾への家事労働者、カンボジア人女性ならばマレーシアやサウジアラビアへの家事労働者だ。つまり海外で働くこととはほとんどの女性にとって、現実としては忌避すべき仕事に就くこととを余儀なくされることを意味する。さらに、非正規のルートで仕事を得ることも可能だろう。しかしそれは、さらに厳しいセックス・ワーカーのみだ。比較的教育を受けてきた女性たちであっても、家事労働者以外の機会はほとんどもたらされない。もし彼女たちに他の選択肢が提示されれば、そちらを選択するのは当然の結果であろう。ダンにとっては、「研修生」は積極的に自分が選びうる選択肢であったが、家事労働者の場合は「おしん」であり、忌避すべき仕事との評価が働いていると考えられる。

　一方、結婚で移動するということになれば、それは社会的に承認された行為である。ベトナムでは、元来結婚は親族集団が調整を執り行うものであり、一族の福祉を維持するために結婚は取り決められるものだった。特に両親、祖父母、あるいは一族の長が結婚を公式に許可する存在と考えられていた。現在はだいぶ自由恋愛が認められるようになり、結婚も自由になったとはいえ、親の承認なしには結婚は難しい (河村 2004)。また、カンボジアでは現在でも、ほぼ親が決めた相手と結婚するのが通例だ。だが、

反対に言えば、結婚は当然、親族集団に認められた行為である。事実日本に結婚で来る女性の場合は、ほぼ全員親族の紹介で来日する。結婚ならば、「忌避するべき」ものどころか、社会に承認されたものだ。もちろん、結婚とは、ベトナムにおいては、夫の家族のいうことをよく聞いてよく働くことを期待されること (Thai 2008) であり、カンボジアでは、いつも家にいて家族のケアをすることを意味する (Ledgerwood 1994)。「妻」であることは現実的には召使であることとは大差がないにしても、「妻」は「妻」である。女性が海外で仕事に就くことと、海外で妻となることの間には、大きな序列ができることになる。とすれば、同じ女性が労働で海外に出るか、結婚で海外に出るかという両方の選択肢があった場合に、結婚を高く評価する女性が出るのは当然と言えるだろう。

　さらにこの序列化は、移動のネットワークの信頼度によってもさらに強化される可能性がある。家事労働者はもちろん合法の移動手段だが、移動には何らかの形で仲介業者が介在することになる。一方結婚による移動の場合、特に本書の対象者のように同国人と結婚する場合は、そのほとんどが親族からの紹介だ。親族のネットワークは明らかに「強い紐帯」であり、この「強い紐帯」が提供するのは、安心感だ。つまり親族のように、ネットワークの利用者が、お互いがお互いをわかるような小さな集団である場合、Coleman (1998) が言うように、その利用者間に「規範や評判」が生まれうる。もちろんその利用者がお互い悪いことはできない、という担保のようなものにもなりうる。また、そうした人からの情報が、何かあったときに頼りになる、と思わせるのは当然だろう。そうしたネットワークの存在が、日本行きの決定要因になっていると話してくれたのは、ティンだ。そのほかの国に行こうと思わなかったのか、と聞いたときに彼女はこう応えてくれた。

　　妹がこっちにいたから、親族がこっちにいたから、安心する部分があったからこっちに来たんだ。前にね、アメリカに来ないかって言うお誘いもあって、アメリカには友達はいっぱいいたんだけど、親族はいなかったから、

安心の面から考えると、アメリカにはいかなかった。こっちには妹がいたので、結局こっちに来たんだよね。ベトナム人はみんなそうだと思うんだけど、みんなアメリカに行きたがって、日本は全然そのあとって言う感じなんだけど、妹がいたから。

　親族を介した移動であるからこそ、結婚は社会的に承認されており、なおかつ移動する女性にとっては安心感が得られる。例え労働で移動するという選択肢があったとしても、親族を介した女性の結婚による移動は、社会的承認度と、そして安心感が得られる行為なのである。

むすび

　ベトナムやカンボジアの女性たちが海外に出たいと思う動機には、圧倒的に女性に厳しい雇用状況であり、ジェンダー規範であり、その組み合わせでもある。そしてそれによる生きにくさから脱却したいという希望だった。その希望をかなえようとするときに、女性が海外で「働く」というのは可能ではある。ただし、その選択肢が非常に限定的であることが、女性を労働移動に踏み切らせない大きな理由だと思われる。女性たちの労働による国際移動の可能性は、本人たちの希望ではなく、グローバル化する社会において、女性に求められる労働力に対する需要から成り立っているからだ。それは、合法的な手段ならば、アジアの女性たちが忌避したいと思う家事労働者か、あるいは非正規なルートであるならばセックス・ワーカーか、そのどちらかに限定されてしまう。その中で親族からの紹介という選択肢を持ちうる女性ならば、結婚による国際移動は「妻」という社会的に承認された地位と親族による安心感との双方を、同時に達成できる手段ということになる。女性が国際移動を行う際にアクセスが可能な限定的な選択肢の中で、結婚は相対的に評価が高い選択肢となりうるのである。

注

1　日本の研修生制度とは、本来労働者を受け入れるための制度ではない。発展途上国の若者が日本企業での研修を通して、その技術を学び、本国の発展に寄与できるように、日本での就業に近い場を提供する制度だ。しかし実質的には、研修生が低賃金で自分がこれまで経てきたキャリアとは関係のない分野で就労させられている、という現状がある（法務省 2009）。日本の農業や水産加工業など、労働力の足りない分野の今や不可欠な労働力となっている面も否定できない。そして、こうした賃金から多くの研修生は本国へ送金していることもあり、派遣元の国から見ると、「労働者」として認識されている場合が多い。

第4章
本国の妻を必要とする夫たち、本国の「娘」を必要とする女性たち

　　「夫が仕事を探しもしないでパチンコばっかりやっている。私が働いて稼
　　いだお金なのに。それなのに、私が彼にお金を渡さないというと、離婚す
　　るっていうの！」
　　「ティンのだんなさん、ティンが外に出るのを嫌うらしいんだ。だから、
　　彼女はあんまり外に出られないの」

　ある日、ホンは事務所に来たとたんに泣きはじめた。夫とけんかをしたよ
うだ。それも働かない夫との間で、お金をめぐってのけんかをしたらし
い。彼女は夫とけんかをするたびに、泣きながら離婚の相談にやってくる。
ただ、日本に来て日が浅い彼女が離婚してしまうと、日本の滞在根拠がな
くなってしまう。相談にやってくるたびに、そう説明をして、落ち着いて
帰ってもらう。そしてまた何とか生活をおくるのだ。
　日本に結婚でやってくる女性たちは、ほぼ全員自分の親族かあるいは友
人を通じて日本に在住する夫と知り合うことになる。結婚は、たとえ親族
の紹介だったとしても、結婚する当人同士の双方の合意が必要になる。と
すれば女性側だけでなく夫の側にもベトナムやカンボジア本国の女性たち
を妻とする動機があることになる。その理由とは何なのだろう。
　私にこの疑問をひしひしと感じさせてくれたのは、フィールドで知り合
ったカンボジア出身の男性が、カンボジアから妻を呼び寄せると聞いたと
きだった。彼は幼い頃に日本に来て日本で育ち、肌が浅黒いので確かに外
見上は日本人には見えないかもしれないが、話し方などは完全に日本人だ
った。日本人と主張すればまったく見えないこともない。その彼でさえ、
妻になる女性をカンボジアから呼び寄せた、と聞いたときは、彼までがカ

ンボジアから妻を呼ぶのか、と衝撃を受けたものだった。日本に同化していれば、妻を日本人に求めるのではないか、という前提が私にはあったからである。とすると、同化の度合いと妻を本国に求めるかどうかは、日本のインドシナ難民の男性には必ずしも当てはまらないことになる。それでは、何が妻を本国から呼び寄せる要因となるのか。

　本章では、結婚を機に来日する女性たちの夫について、彼らの日本での社会的背景を明らかにしていく。その後、本国から妻を呼び寄せる要因について検討するが、そこで着目するのは、結婚にまつわる経済的要因と「再生産労働」への必要性という視点の二点である。結婚を文化的規則や親族間の構造の問題として捉えるのではなく、経済学的な視点から捉えようとしたのは、Becker (1973) だ。彼は、夫婦は時間とモノをお互いに投入することで、お互いを支えるメリットが生じて、それが男女双方にとっての幸福につながる、と結婚の効用を経済学的に述べている。つまり結婚は、十分経済的なインセンティブを持つものなのだ。これは特に経済状況の困難な人が結婚する際の動機になりうるだろう。また、もう一つは「再生産労働」への需要である。結婚とは男性にとって無償のケア労働者を家庭内に獲得することでもある。「再生産労働の国際分業」という概念は、Parrenas (2001) が、先進国の再生産労働の供給不足を移民女性が補っているという現象を、Glenn (1992) の「再生産労働の人種間分業」と Sassen (1984) の「国際分業」という概念を援用して構築したものだ。先進国内で家庭内で妻が「再生産労働」を回避することで足りなくなった再生産労働の担い手を、発展途上国から低賃金で家庭内に雇い入れるという現象を、グローバル化によって推し進められた生産分野での国際分業の進展になぞらえて呼んだものである。この概念は、その後家事労働者やケア労働者などの「有償労働者」の国際移動の分析に使われてきた。「先進国内の再生産労働の担い手不足は途上国の労働力によって解消する」という基本的な構図は、十分「結婚移民」にも適用可能だと思われる。再生産労働とは何かについて触れながら、インドシナ難民の男性の呼び寄せる要因を考察していきたい。

　さて、実際には聞き取りでは夫についての質問は、必要以上にしなかった。もともと私がある程度相手の男性を知っている場合もあったし、また夫のことを聞くことを、女性たちが必ずしも快く思わない場合もあるからだ。しかし聞き取りの中で彼女たちが夫に言及することはもちろん多々あった。その彼女たちが描く夫像と、これまで調査されてきたインドシナ難民の定住についてのデータなどで補足しながら、夫となる男性たちの日本での生活の一部を明らかにし、そこから妻を呼び寄せる要因を考察していきたい。

　また、本章でもう一つ焦点を当てたいのは、日本にいる夫が本国にいる女性を妻として呼ぶ欲求とベトナムやカンボジアにいる女性たちの海外に行きたいという動機を結び付け、移動を促進する親族のネットワークの存在だ。この親族のネットワークがない限り、たとえ本国と日本にニーズがあったとしても、日本に住む男性はベトナムやカンボジアに住む女性と直接知り合う機会はない。親族ネットワークとは親族で構成される以上、単なる制度ではなく、ネットワークである彼らにも利害が絡む場合があるからだ。では誰がどのように男性と女性を引き合わせるのだろう。そこで本章では、聞き取りの結果から、女性たちが誰から夫を紹介されているのかを明らかにし、親族ネットワークがどのような形で、妻を呼ぶことに貢献しているのかを考察していきたい。

4.1　夫たちの素顔
妻の語りとその社会的背景

4.1.1　法的な位置づけ

　序章でも述べたが、インドシナ難民の法的な位置づけについて、ここでもう一度記述しておきたい。インドシナ難民の入国経路といえば、大きく分けてベトナムを出国する人が海上で救出されたり、あるいは直接日本にたどり着いたりした場合などを含めたボート・ピープルの場合と、ボート・ピープルとして東南アジア、あるいは香港などの難民キャンプにたど

り着いた後、第三国定住として日本に入る人、そして、カンボジアとラオスの人が陸続きのタイの難民キャンプに脱出を図った後に、同じく第三国定住として日本に入る人の3パターンがあったといえよう。現在特別永住者となった在日の韓国朝鮮籍の人以外に、ほとんど外国人が日本に住むという発想がなかった当時は、インドシナ難民を受け入れるための法律も存在しなかった。1982年の難民条約加盟後に、ようやく「出入国管理令」が改正され、「出入国管理及び難民認定法」が施行されることになった。ボート・ピープルとして命がけでベトナムを脱出してくる人たちに対しては、「一時庇護のための上陸許可」という資格が設置され、厳格な審査がなくても日本に上陸できることになった。また定住する者に対しては、「特定の在留資格者」という在留資格がインドシナ難民には与えられるようになった。その後、受け入れ終了までは1990年に施行された改正出入国管理及び難民認定法に基づき、「定住者」という資格が与えられてきた。

　定住者とは本来「法務大臣が特別な理由を考慮し一定の在留期間を指定して居住を認める者」(法務省ホームページ) であり、法的には永住者にもっとも近く、安定した資格と言える。そもそも「定住」つまり日本で生活することを保障する資格なので、就労にも制限がなく、家族の呼び寄せも、定住者を世帯主とした「核家族」の範囲で可能である。「定住者」の資格は、更新をする必要があること以外では、「永住者」の資格にほぼ準じており、社会的な保障も受けることができる。彼らは社会的法的に非常に安定した地位にあるといえよう。

　ただし、永住許可を取るまでは、定住者とはいえ資格の更新が必要となる。最初は1年後に更新があり、その後3年毎の更新になる。その手続きに際して、経済状況や素行の良し悪しなどが審査の対象となり、彼らの日本での定住状況が法的に確認されることになる。就労状況に制限がないのはもちろん、今度は彼らができるだけ福祉の対象にならないように、就労し、経済的に自立していることが更新の大きな基準となる。インドシナ難民の家族の女性たちは、こうした「定住者」の家族として呼び寄せられているのである。

4.1.2 インドシナ難民と日本定住

　インドシナ難民は、閣議を通して日本に受け入れると決めた最初の難民である。また、同時に難民条約に加入後に初めて大量に受け入れた難民でもある。そのために難民条約で条約難民と認定された人が日本国内で受けられる権利と同等の権利が受けられる必要があった。それには「安定的な在留」が謳われているため、彼らが社会経済的に「安定した生活」を送れるように支援体制が敷かれることになったのである。その中には、社会保障関係法令（国民年金法、児童扶養手当法等）から国籍要件を撤廃するなどの法整備が含まれ、これにより、初等教育や国民年金、児童扶養手当、健康保険などについて、日本国民と同一待遇を受けられる（外務省 ホームページ）ことになった。しかしそれと同時に、定住支援事業を実施することも閣議により了解され、アジア福祉教育財団により行われることになった。以後、インドシナ難民は日本に来日すると、同財団の難民事業本部が運営する兵庫県の姫路定住促進センターか、神奈川県の大和定住促進センター、東京都の国際救援センターのどこかで、4カ月間の日本語教育を受け、その後いわゆる生活適応のための適応訓練を受け、さらにはセンターからほぼ就職も斡旋されて、6カ月で日本社会に出て行くことになった。もちろん、日本に住む場所がない難民が訓練を受けるため、定住促進センターは宿泊施設も併設されていた。

4.1.3 不安定な就労
——これまでの調査と女性の語りに見るインドシナ難民男性

　インドシナ難民は、日本到着後非常に手厚いサービスを国から提供されてきた、日本ではごくまれな外国人である。にも関わらず、日本に在住するインドシナ難民たちは、基本的に非常に不安定な状態で就労している。神奈川県の調査ではないものの、日本のベトナム難民のもうひとつの集住地区兵庫県で2002年に行われた倉田らの調査によれば、92名のうち54名が就業していたが、失業者が15名と全体の21％ほどと失業率が高く、また雇用形態を回答した53名のうち、正社員として働いていた者は

23名だったが、それを上回る24名がパート労働者であった。期間工6名を含めると、半数以上がいわゆる非正規労働者だ。非正規労働者が多い上に、失業状態に陥ることに常にさらされている。

　これは多かれ少なかれ、私が聞き取りした女性たちの夫の状況と重なっている。例えばホンの夫だ。彼女の夫は、結婚を決めて彼女のところに話があったときには、職があったという。しかし彼女との結婚式と結婚の手続きをするためにベトナムへやってきた彼は、そのときには仕事をやめていた。私が彼ら夫婦にはじめて会ったときには、彼はそのまま失業中だった。その後彼は仕事を見つけて働き始めたが、契約社員だったために、契約満了すると再び職を失うことになった。妻のホンが夜間の仕事を見つけて働き始めたこともあり、その後も仕事を見つけられずにいる。1年以上も職についていないのだという。そしてその彼は、妻から小遣いをもらいつつ、パチンコへ行くことを続けている。その小遣いの額をめぐって、ホンとのけんかが絶えないのだという。

　ホンの例は極端かもしれない。しかし聞き取りをした女性の夫10人のうち、聞き取り時点で失業していた人は3人、その後女性と離婚した場合も含めて2人は失業している。聞き取りをした人の夫の半数は失業者だということになる。特に2008年末から2009年にかけて、「百年に一度」の規模の経済状態の悪化に見舞われた日本だが、こうした経済状態の悪化は、特に定住しているインドシナ難民の人たちにとっては、ほとんどが即解雇を意味していた。夫が失業するだけでなく、妻も失業する場合もある。実際に聞き取りに答えてくれた女性たちの多くは解雇と仕事の減少に直面しているが、フィールドで出会う人たちも同様に、解雇されている人は非常に多い。

　ただし、こうした不安定な状態で働いていて、ある程度失業しても次に仕事を見つけられると思っているのか、失業に対する抵抗感が少ないからか、解雇だけでなく自己都合による退職も非常に多い。ホンの夫の例もそうだが、結婚するためにベトナムに帰国するので仕事をやめる、休暇のために仕事をやめるという人も、少なからず存在する。日本生まれのある

20代の男性は、ベトナムでできた彼女と結婚するために、一度ベトナムへ帰らなければならず、そのために周りにとめられたにも関わらず仕事をやめてしまったという。その彼は若く、日本で育っているので日本語に不自由しないことから、次の仕事も見つかったようだが、特に大人になって難民として日本に来た男性たちにとっては、ホンの夫のように仕事がみつからないケースがほとんどだ。

　また、都市下層的特徴を示す男性も存在する。非常にユニークだったケースは、ランのケースだ。ランは聞き取り調査の中で唯一日本人男性と結婚した女性だったが、彼女はこの日本人男性を自分の親族であるベトナム難民の男性から紹介されたという。彼女の親族であったベトナム難民の男性は、その日本人男性と一緒に同業種の仕事をしていたので仲良くなり、彼に自分の親族であるランを紹介したらしい。その彼が職業としていたのが「中古」の仕事だ。

　　ラン：私の親戚が、その人がハイフォンで海の関係の仕事をしていたの。
　　　　　彼が難民として日本に来ていて。
　　＊：親戚さんがね
　　ラン：彼が、旦那さんと知り合っていて、彼が旦那さんを日本から連れて
　　　　　きたんです。で、結婚式をベトナムでやったの。そのとき、旦那さ
　　　　　んは会社に勤めてなくて。中古の仕事をしてたんだ。かばんとか時
　　　　　計とかを買って、それを直して駅で売っていた。
　　＊：皮のかばん？
　　ラン：そうそう。
　　＊：それは大阪で？
　　ラン：うん。

　ランの夫となった人は、何か中古の商品を買って直して売るという仕事をしていたようだが、生活相談の来所者の中でも少なくとも4、5人はこうした仕事を生業としていた。ただし、例えばどういう流れで「中古」の

仕事ができるのか、そのような仕組みで行われているのかは、生活相談に来る人に尋ねてもあまり細かい仕組みについての説明は得られなかった。そこでベトナム難民60世帯に聞き取り調査を行った川上（2001）に詳しいので、その説明を簡単に引用したい。

　　（ミンは）1990年ごろ、「在日ベトナム人」が中古のテレビやステレオを集めて神戸港に入るベトナム戦跡の乗務員に売って金をもうけているという噂を、友人から聞いた。(中略) 実際、1980年代後半から、関東や関西に住む「ベトナム人」が中古の電化製品を集めて、横浜や神戸などの港に入る外国船、特にベトナム人の船員を相手に、集めた中古品を売るという新手の商売が盛んになってきていた。彼らの取り扱う品物は、テレビ、ステレオのほかにも、冷蔵庫や扇風機、電気炊飯器など多様な電化製品であった。はじめは粗大ゴミの中から集めていたが、しだいに電気店で安く下取りをしたりして集めて着ては、貸し倉庫などに貯めておき、船が入港すると、電話連絡があり、港に運ぶというやり方をしていた（川上 2001）。

　川上によれば、この商売は合法だ。この中古の商売を彼女の親族と一緒にやっていたのが彼女と結婚した日本人男性だったというのだ。ランの話しぶりからは、決してお金に困っていたという雰囲気ではなかったので、この仕事で一世帯が十分生活できるだけの収入を得ていたということになろう。しかし、生活相談に来た相談者から聞いた話では、この仕事はかなり分業化されていて、中核の仕事ではなく、周辺で「お手伝い」をするような就労形態も存在するようだ。そのお手伝いは、当然労使関係を結んでいるわけではないので、中古で扱う商品がなくなればすぐに仕事もなくなるということになる。この中古品販売の仕事を以前にしていて、仕事がなくなったから手伝いに来なくていいといわれて失業中という男性もいた。ちなみにこの男性も本国から15歳近く年の離れた女性を呼び寄せていた。
　このようにしてみると、聞き取りを行った女性の夫たちは、その多くが中小零細企業での不安定雇用に従事するか、あるいはもっと不安定な都市

下層的ないわば日本国内でのインフォーマル・セクターなどで生計を立て
ていかなければならない。またかなりの人は、そうした不安定雇用やイン
フォーマル・セクターと失業の間を行ったりきたりしながら、日本での生
計を立てていかなければならない。経済的にはかなりの人が厳しい状況に
ある。

4.1.4　離婚歴と年齢差の大きな結婚

　職業的な不安定さもさることながら、聞き取り対象者の配偶者になる男
性たちには、それまでに離婚歴を持っている人が多かった。今回聞き取り
を行った10人のうち4人に離婚歴があり、そのうち3人はすでに成人し
た、あるいはまもなく成人するような大きな子どもがいる。

表 4-1.　聞き取り女性と夫の関係

	年齢差	夫の離婚歴	夫の連れ子	夫の家族	夫の収入の有無
ホン	21 歳	有	有	無	無
ラン	15 歳	不明	無	無	不明
ティン	5 歳	無	有	有	無
ダンさん	1 歳	無	無	無	無
トランさん	5 歳くらい	不明	無	無	不明
ジュン	2 歳くらい	無	無	無	有
カート	20 歳くらい	有	有	有	有
ラサ	10 歳	無	無	有	有
キナ	10 歳	有	無	有	有
パンナ	同じくらい	無	無	有	無

出典）聞き取り調査をもとに作者が作成。

　表4-1では、夫との年齢差、夫の離婚歴、夫と前妻の間の連れ子の有無、
夫の親族が日本にいるかいないか、そして夫が聞き取り当時に収入があ
ったかなかったかを一覧にした。10人の女性のうち、夫との年齢差が10
歳以上という女性が半数を占め、そのうち3人は15歳以上の差があった。
また夫に離婚経験があるのは、10人中4人、連れ子がいる人は10人中3
人だ。
　インドシナ難民全体を見たときに、離婚歴が高いかどうかは統計的に示
されているものはない。しかし、聞き取りをした女性の夫の中で、離婚経

験がある人は、10人に4人と非常に高い。また、生活相談の来所者の中や日本語教室の参加者から聞く話でも、離婚は非常に多い。つまり聞き取りをした女性たちがたまたま離婚をした夫とめぐり会うことが多い、というわけではなく、経験的にいえば、かなりインドシナ難民が離婚を経験しており、その再婚相手として本国から妻を呼ぶケースもかなりあるということだろう。例えば生活相談の来所者の中に、妻の方が離婚したいといって相談に来たので、その手続きをした。すると半年ほどすると、その離婚した夫がやってきて、自分とは20歳くらい年の離れた女性を呼び寄せるための結婚の申請書を書いてほしいと言ったこともあった。

　また、夫が再婚の場合、夫婦間の年齢差が非常に大きくなる傾向にある。ティンと夫の場合は、年齢差5歳ほどでさほどではなかったが、ホンと夫は21歳差、カートと夫もほぼ20歳近くの差がある。夫に離婚歴がない場合は、年齢差が大きくても10歳ほどだが、離婚歴がある男性の場合、その差が20歳に拡大する。ホンの夫の場合、失業中でもまだ40代ということで探せば見つかるかもしれないが、カートの夫の場合、子どもがまだ未就学児であるにも関わらず、まもなく定年になるような年齢だ。離婚歴のある男性が、即高齢というわけではないが、彼らは不安定な就労状況にある上に、それがこの数年の間にますます難しい状況に追い込まれる可能性のある年齢の男性であると言えよう。聞き取りの女性とは別の夫婦だが、先の夫と妻が別々に生活相談にやってきて離婚した夫婦も、夫が後から連れてきた妻とはやはり20歳以上違っていたし、またそのほか生活相談に来る夫婦の中でも、50代の男性で成人した子どもがいて30代や40代の女性と再婚したという組み合わせは、何組か見受けられる。中には、すでに年金生活者の男性と40代の女性のご夫婦で子どもが小学一年生という場合もあったし、息子の妻にしようと考えていた女性と自分が結婚してしまったという、結果的には25歳近く年の離れた女性と結婚した男性もいた。離婚歴がある男性の再婚は、高齢化による不安定要素が直結しているパターンも数多くあるのだ。

　さらに、前項で述べた経済状態が不安定な人を示すために、夫の収入の

有無も一覧に入っている。連れ子がいる、あるいは夫に別の家族がいるという人の中で、さらに収入がないと言う人が、10人中3人もいる。夫は連れ子に対しても、自分の両親を含めた家族に対してもある程度の責任がある。連れ子や前妻に具体的に養育費を出している、という人が多いというわけではない。しかし、有形無形の責任や義務が夫にまったくないとは言い切れない。カートはその極端な例だと言える。彼女は夫の連れ子がすでに成人しているにも関わらず、彼らを世話していた、という。

　　　＊：息子さんがいたじゃないですか。それとおばあちゃんも。
　カート：すごく大変だった。自分の子どものようにかわいがっただけどね、
　　　　　あの子達の将来も心配で、朝お弁当を作って持たせて、自分に対
　　　　　しては何も思ってくれなかった。心配で子どもの給料とか聞いた
　　　　　ら、何も残ってないし、ショックで。子どもと心と心が通じてなくて。

　カートは、この上に息子たちが小遣いをせびりに来たとも話していた。カートの家庭は、それでも夫が収入があるので、まだ何とかなっているようだった。だが、少なくとも夫が別の家族に対して責任がある状態の上、失業中ということになれば、妻の負担は大きい。妻は自分の家庭の家計を賄い、夫の家族に対しても責任を負い、なおかつ本国に残してきた自分の両親への責任も果たそうとするからだ。彼女たちの経済的、精神的負担は非常に大きい。実際、彼女たちを迎える夫たちの中には、こうした経済的不安定さのうえに、家族への責任を抱えている人が、少なからず存在していると言える。

4.1.5　日本語能力

　さて、妻の語りからはあまり出てこなかったが、彼らの日本語能力についてもここで振り返ろう。詳しくは第6章で見ていくが、日本語能力の向上とは、つまり移住者がどの程度ホスト社会に統合されているかを示す重要な指標だ。現在の多文化共生論の中には、自分の文化を保持しつつ生活

することの重要性が語られているが、それでもなお日本語の能力というの
は、移住者がどれだけ主体的に社会参加できるかを決定する、大きな要因
であることは間違いない。また世間でも「長年暮らしているインドシナ難
民のような方は日本語に困っていないのではないですか」といわれること
もあるように、長期的に日本に生活している外国人は日本語に困っていな
い、という先入観もある。

　しかし現実的には、それは往々にしてインドシナ難民のパターンではな
い。内閣官房が行ったインドシナ難民の定住調査（内閣官房インドシナ難民対
策連絡調整会議事務局 1997）では、「現在困っていること」という質問に対し
て、一番多い回答だったのは「日本語の能力の問題」だった。518人の回
答者のうちの46％が日本語能力の問題を自分の一番困っていることにあ
げていた。それは給与など経済的な問題や、住居の問題などを一番問題と
考えている人より圧倒的に多かった。この調査の対象者の在住歴は、5年
以上10年未満、10年以上15年未満、15年以上の三つで全体の77.2％と
ほぼ8割を占めていることを考えれば、日本在住のインドシナ難民の多く
が、在住歴の長さに関わらず日本語に不自由さを感じている人たちである。

　特に生活相談で出会う男性インドシナ難民の人は、大半の人が日本語運
用能力に限界がある。それには日本に来たときの年齢や、日本でどのよう
に日本語を学習する機会があったかによってばらつきがある。20年近く
在住していて、日本で学校教育を受けたのでコミュニケーションには不自
由しないが、しかしそれでも、税金、保険、住宅に関する書類の手続きに
は困難が伴う場合が多い。20年近く住んでいたとしても、入国の際の年
齢が学齢期を越えていて、センターでの日本語教育を受けた後すぐに働か
なくてはならなかったという人については、長年住んでいても日本語での
日常会話レベルのコミュニケーションですら難しい場合がある。

　もちろん、こうした状況は聞き取りを行った女性の配偶者たちの日本語
の能力とも重なる。特に先に指摘した、年齢層の高い男性たちは、日本に
難民として来日したときにすでに学齢期を越えている。もちろん家庭を持
っていたような人もいるわけである。彼らは日本語の学習が十分できない

まま、日本で長年生活してきているのである。ホンの夫などは、もちろんあいさつ程度は理解できるが、私がナチュラルなスピードで話しかけたときには、理解している様子はなかった。カートの夫ともやはり日本語で話したことがある。彼は自分のことはある程度説明できる。しかし、はやりこちらの質問が理解できない、難しいことは話せないという感じであった。つまりこちらが言うことを理解して、それに即答するというレベルには達していない。彼はそれでも日本語が上手な方だろう。

　日本語能力の有無というのは彼らが仕事を探すときに大きく影響が出てくる。もちろん、景気が上昇傾向にあり、どんな労働者でも人がほしいという状態のときは、日本語が話せなくても仕事は見つけられないことはない。また、集住地区の近隣の工場では、生産ラインの一つがまるまるベトナム人やカンボジア人によって占められていて、そのまとめ役だけが日本語を話せるというようなところもあり、こうしたところで働くことによって、日本語能力を問われないで生活できたということもある。しかし、景気が後退し、失業者がまったく違った仕事を見つけようと思ったときに、日本語能力が仕事の有無を左右するのは当然のことだ。

　聞き取り対象者の女性の夫である男性の中で、私が話したことがある人は７人である。それ以外に聞き取りの際に女性たちが夫の日本語についてある程度理解できるような話をしてくれた人は１人だ。日本人の夫と結婚したランを除いた９人の女性の夫の中で、８人は彼らの日本語能力についておおむねレベルがわかる。日本語能力が十分ではない人が必ず失業中というわけではなかったが、失業中の男性はだいたい日本語の能力が十分ではなかった。

　また、特にコミュニケーション能力に問題がない人でも、失業した後に仕事が見つからない場合もありうる。パンナの夫は、私が話をしたときは、非常に流暢な日本語を話していた。生活相談で会う人たちのように、ほとんど日本語が理解できないというわけではなく、こちらが話すことはすべて理解していたし、なおかつ彼が話すことも的確なものだった。にも関わらず、パンナの話では、彼は必要な書類の手続きは彼女に任せてまったく手をつけな

かったし、職場で日本人とコミュニケーションをとるのを非常に嫌っていた
という。そのため、彼女は保育園の手続きや団地の更新手続きに、職場から
必要になる書類を一切手に入れられなかったという。彼の例が示すのは、た
とえ日本で教育を受けてコミュニケーション能力に問題がないにしても、書
類の手続きなど複雑な日本語を書く能力を問われる場合は、そこに大きな壁
ができるということであり、なおかつその壁が彼らにとっては、複雑な日本
語を克服しようという方向でなく、忌避しようという方向に動くことがあり
うるということだ。もちろんその中に、履歴書を書くことなど、就職活動に
必要な手続きも含まれることはいうまでもない。

　以上見てきたように、聞き取り対象者の夫である男性たちが日本語能力
と運用の面において、困難さを抱えており、日本社会での不安定な立場の
要因となっていることがわかるだろう。

4.1.6　日本語の能力に欠ける親族

　結婚とは、男性と女性の2人の合意によってなされるものである。しか
しそれは必ずしも、結婚後の生活がすべて2人の意思によってのみ動かさ
れることを意味するわけではない。ましてその結婚が親族の紹介などで行
われた場合は、なおさら2人の意思だけでは動かない。基本的には親族と
の関係性に夫婦の生活も大きく影響される。

　表4-1で示したとおり、今回聞き取りをした10人の女性のうち、自分
の夫の家族が近くに住んでいるという人は5人いた。夫の兄弟ももちろん
だが、5人のすべてが夫の母、つまり姑が近くに住んでいた。先に男性た
ちの年齢層が高いことを指摘したが、夫の母が近くに住んでいるというの
は、男性の年齢層が低い場合に多かった。

　ここで注目したいのは、姑の女性たちも、インドシナ難民として日本に在
住している女性であり、当然のことながら前述のインドシナ難民の定住調査
や、聞き取り調査をした女性たちの夫と同様、日本語能力には限界がある人
たちである。まして息子となる彼らよりもずっと年齢が高くなってから入
国した女性たちは、日本語がほとんど話せないという人も少なくない。

　しかし、夫の母とのコミュニケーションは、妻にとって避けて通ることはできない。ある女性の聞き取り調査の最中に、その女性の義母にも会うことができた。義母に話を聞くということはしなかったが、その後食事を一緒にする機会に恵まれた。聞き取り調査をした嫁である女性と、姑である女性は、当然のことながら母語での会話を楽しみながら、孫の話をしつつ食事をしていた。普段の「嫁」と「姑」の姿がどういうものであるかはわからない。お互いがどのように感じながら生活しているかということまでは、もちろんその食事からは理解できないが、少なくとも彼女たちにとって母語があるからこそ、お互いコミュニケーションができ、家族の時間が共有できる。ここでは母語ができるかどうかという点が非常に重要であることが理解できるだろう。

　また、カートの夫は結婚したときすでに高齢であったにも関わらず、さらに高齢であった母親と同居していた。そしてその母親にも会ったことがあるが、日本に来日した時点ですでに50代に達していた彼女は、80代になっていて片言の日本語さえ話せなかったし、体も不自由だった。その80代で日本語の話せない母親とのコミュニケーションには、もちろん母語であるカンボジア語が不可欠であったことは言うまでもないだろう。そして、実際コミュニケーションだけでなく、カートは夫の母の介護も行っていた。

　　　＊：おばあちゃんもいたもんね。
カート：子ども妊娠して、子どものこと乳母車で押しながら、病院連れて
　　　　行って。自分もお産のあとお母さんの面倒も見なくちゃいけなか
　　　　った。時には自分もだるいとき、おばあちゃんは寝たきりで、お
　　　　しっことかうんちとかすると、そんなときはもう、お風呂に抱え
　　　　て連れて行って、洗ったり。誰も面倒見てくれなかった。入院し
　　　　ても、1日3回見に行って。だからお母さんには不満はなかった
　　　　と思うよ。

また、聞き取りをした女性たちの中に、まもなく結婚適齢期を迎えるという息子がいる女性がいた。ティンだ。彼女に将来の息子の妻に対する希望を聞いてみた。すると最初は、日本人でもベトナム人でもかまわないと言っていた。しかし私が、相手が日本人の場合に、ティンと嫁である日本人女性とはコミュニケーションに支障が出るのではないか、と確認すると、「その通り」というばかりにうなずいていた。ティンはそれを理由に日本人の妻がくることに反対はしないかもしれない。だが、それがティンにとって息子の嫁との障害になるということは明らかだろう。川上 (2001) の調査の中でも同様の女性が出てきた。息子が日本人の女性と結婚した難民の女性は、はっきりは反対しないものの、嫁である女性がベトナム語を理解できないことを快く思っておらず、嫁に対して嫌味を言うというものだ。女性たちの夫となる男性にとって、母語は自分とのコミュニケーションの道具であるばかりではなく、自分の家族とつながるためにも重要なのだ。

　夫となる男性よりも、高齢になってから日本に来た夫の母たちのほとんどが、日本語の習得に困難を抱えている。こうした母親たちの日本での生活が、結婚移民の女性の夫である息子たちより、より不安定であることは言うまでもないだろう。とすれば、その社会的不安定な立場に陥りやすい夫たちには、さらに社会的不安定な母親を抱えて生活していることになる。

　ここまで、インドシナ難民の男性たちの社会的経済的背景を述べてきた。まとめると、彼らは、①法的には安定的な地位にある、②経済的には不安定就労が多い、③年齢層が高い場合が多くより一層経済的不安定要素を強くしている、④本人の日本語能力には個人差があるもののある一定の限界がある、⑤年齢層が低い場合には本人よりもっと日本語能力に困難さを抱えた親がいる場合がある、という五点であろう。ここで注目すべきなのは、経済的な不安定要因があると同時に、実は本人の年齢が高い、あるいは本人の親の年齢が高い、というケア労働の必要性が高い人たちを多く含んでいるということである。こうした男性の社会的背景を元に、それではなぜ彼らが本国から妻を呼び寄せる必要があるのか、次節で検討していきたい。

4.2　求められる「女らしさ」
伝統的な妻へのニーズと再生産労働の国際分業の視点から

　前節では、インドシナ難民の男性たちが、全般的に見て経済的な不安定さと、ケアを必要とする人たちであることを指摘してきた。このことは妻を本国から呼び寄せることとはどのような関係にあるのだろうか。

4.2.1　結婚はなぜするのか？

　男性がなぜ本国から妻を呼ぶのかを考察する前に、「結婚とは何をもたらすのか」について振り返ってみたい。

　まず経済的な側面から見てみよう。1973 年に Becker が発表した"Theory of marriage"で、彼は男性と女性が結婚から得られるものは、「収入、人的資本、賃金レートの相対的拡大」としている (Becker 1973)。そして、家庭内で夫婦の時間とモノを投入することによって、互換性と相互補完性のメリットが生じ、それによって男女に双方にとって幸福が増すとしている。また、Waite (1995) が結婚のメリットを四つあげているが、その中で結婚することで男女はお互いの社会経済的資源を担保しあうと定義している。経済的な不安定さは結婚を先延ばしにするという考え方もあるが、一方で、結婚とは男女がお互いを経済的に補完するものであることもまた確かだ。結婚により経済的な状況は安定的な方向へ動く。

　もう一つ、結婚によって得られる重要な側面がある。森岡ら (1983) によれば、社会学において考えられている結婚（あるいは家族）の機能とは、①性的機能、②社会化機能（子どもを育てること）、③経済機能、④情緒安定機能、⑤福祉機能、の五つである。ここで注目したいのが、③の経済的機能以外の四つはすべて「再生産労働」として捉えられるものだということだ。「再生産労働」とは江原 (2003) の定義では、①次世代の生命の再生産に関わる妊娠出産、その他の性行為を含んだ生殖活動、②自立していない他者（子ども、老人、病人など）の身体状態を良好に保つため、他者の身体に働きかける活動、③人間の精神状態を良好に保つための、声かけなどの活

動、④こうした活動を維持していくための周辺活動（家事の多くはここに分類される）、となっているが、これが先の五つの家族の機能とほとんど同じものであることは明白だ。さらに、この「再生産労働」とは世界中の多くの社会で文化的かつ思想的に女性にその責任があるとされ、その労働そのものが労働として認識されていなかったり評価を受けていなかったり、そのほとんどが無償で「愛情」という名の下に行われてきた。とするならば、結婚をして家庭を維持することが、女性にとって意味することは、無報酬で生殖行為からケアや家事まですべての労働に就くことを期待されることである。他方、男性にとっては、支払うことなくこれらすべての活動内容を含む再生産労働に従事する他者を家庭内に手に入れることを意味する。男性にとって結婚とは、「情緒の安定」から「介護」まですべてを無償で手に入れることを意味する[1]。

4.2.2　圧倒的に不利な条件の男性たちの結婚

　結婚とは、理論的に言えば、世帯の経済的安定をもたらすものであり、男性にとっては再生産労働に従事する人を世帯内に設けることでもある。この前提でインドシナ難民の男性たちの日本での状況を振り返ると、彼らの多くは経済的に不安定であり、なおかつケア労働を必要としている人たちであった。とすれば、この二点は結婚することによって解消するか、あるいは大きく改善することになる。必然的に結婚へのインセンティブは高まることになる。さらに、文化的で規範的な圧力も彼らにはある。第3章でも述べたが、ベトナムやカンボジアではほぼすべての人が、結婚はするものである。William と Guest (2005) によれば、ベトナムでは多くの若者が結婚を義務だと感じているし、また未婚率が非常に少ない。同時に離婚した男性が一人でいることに対して、周囲からの反対が多く、再婚する圧力があるのが普通であるという。初婚の男性にとっても離婚経験のある男性にとっても、結婚は「しなくてはならないもの」なのである。

　ではなぜ彼らは、本国の女性たちと結婚するのだろうか。私が最初に事例としてあげたカンボジアの男性のように、日本語に不自由もなく、日本

で教育を受けてきた彼が、本国の女性と結婚するという事実に対して非常に衝撃を受けたのは、彼は日本人女性と結婚することがまったく不可能とは思えなかったからだ。にも関わらず、本国の女性との結婚を選んだことに対する驚きである。そこで、ここでは「日本人女性」との結婚の可能性、同じインドシナ難民での結婚の可能性、そして本国の女性たちとの結婚の可能性の三つに分けて考察を進めよう。

　まず日本人女性との結婚だが、これはまったく閉じられた選択肢ではない。川上（2001）の研究でも明らかなように、日本に在住するインドシナ難民の若者、特に日本で幼い頃から教育を受けたような人たちの中には、日本人女性と結婚する者も存在する。ただし、それは大多数ではない。先に見たように、今回の聞き取り調査を行った女性たちの配偶者だけでなく、インドシナ難民の全体を見ても、その多くが経済的な不安定要素を抱えている。年収は平均して300〜400万円ほどだ。日本社会の中で、これだけ未婚化、晩婚化が進むのは、急速に日本人男性の経済基盤が脆弱になり、女性が自分の経済力に加えて再生産労働の役割を当てにされることを忌避していることが大きな要因だといわれている。こうした中、経済的な不安定要素が高く、なおかつ妻へのケア労働に対する期待が見え隠れするようなインドシナ難民の男性と、日本人の女性はなかなか結婚へは踏み切れないだろう。また実際、たとえ日本語が流暢に話せるインドシナ難民の男性たちでも、その居住空間、職場環境などで、日本人女性と出会う機会はほとんどない。なおかつ、彼らには自分より日本語の話せない親が一緒である場合が多い。そのため、日本人女性と結婚するのは確率として非常に少ない。

　それでは、日本に在住するインドシナ難民の女性たちとの結婚はないのだろうか。インドシナ難民の女性たちならば、日本語ができなくてもコミュニケーションは図れるし、親とのコミュニケーションも問題ない。しかし実際には、インドシナ難民の女性たちと結婚するのは意外と難しいようだ。第一に人口学的な問題がある。つまり Double Marriage Squeeze が、アメリカのベトナム難民とベトナム本国の女性の間の結婚が双方における

極端な男女の性比の大きな一因であることを指摘したように、特にベトナム難民として出国した人たちは、男性が非常に多かった[2]。そしてその男性が圧倒的に多い状況というのは、日本のベトナム難民でも同様である。序章で指摘したように、日本に在住するベトナム国籍の人というのは、圧倒的に男性が多く、どの年齢層においても男性の方が多いのである。これは川上（2001）の研究でも明らかになっている。とすると、同じベトナム出身の女性と結婚しようとすると、人口の面から見て困難が伴う。そこで、文化的出自が近い人と結婚しようとするとき、本国で「花嫁探し」ということが起きる。

　しかし、日本のインドシナ難民の女性と結婚しない理由は他にもある。難民の家族として日本で在住している女性から聞いた話であるが、彼女たちがベトナムに遊びに行くと、多くの人が「日本から来た女の子」ということで、男性たちの関心を集めるという。つまりモテるのだ。しかしその男性たちが言うことは、「日本帰りの女の子は要求が高い」のだという。日本で教育を受けたインドシナ難民の女性たちの実証的研究はこれまでまったくなされていないが、少なくとも、彼女たちの中には「男女は平等である」あるいは「女性もキャリアを求めても良い」という意識があり、それが結果として「要求の高さ」につながっているのではないかと思われる。これは Thai（2008）が描いた、アメリカの労働者階級で生活するベトナム難民の男性がベトナム本国から高学歴の女性を呼んだ理由として語ったことと一致している。彼はアメリカ育ちのベトナム難民の女の子たちはすべて「アメリカ的」であり、伝統的な女性ではないので、本国から妻を呼び寄せたと語っている。つまり日本で育っている女の子は、結婚しようと思う男性が求める伝統的な女性ではない場合が多いのだ。実際、私もフィールド調査の中で、日本でほとんど教育を受けている男性が、「結婚するなら、やっぱりベトナムの女の子がいいです。彼女たちは伝統的で従順だから」と話すのを聞いたことがある。彼の語りがインドシナ難民の男性すべてを代表するわけではないだろう。しかし、多かれ少なかれ、日本で平等志向を目指してきた日本育ちの女の子と、インドシナ難民の男性はその意

識の違いから難しくなることは明らかだろう。

　そしてもう一つ、彼らが本国に「花嫁探し」に行く大事な要素がある。彼らの不安定な経済状況が悪く見えないということだ。ここには国家間の経済格差が生み出す貨幣価値の差が大きく横たわる。日本において年収300万前後というのは決して収入の高いほうではない。しかし、それがベトナムやカンボジアに行き、年収が3万ドルあると言えば、大変なことだ。月収20ドル前後で働いている女性たちにしてみれば、例えば月3000ドルもらっていると言われれば、100倍以上だ。不安定な雇用であるかもしれないし、失業の危機に面しているかもしれないが、そんなことはまったく見えなくなってしまうだろう。彼らはベトナムやカンボジアに帰れば、決して経済的に不安定な人たちではないのである。

　こうして結婚に対するインセンティブの高い男性たちは、自分の出身社会へと向かっていくのである。

─────────────4.3　姪、妹、嫁…親族を呼びたい女性たち
「妻」に対するもう一つの希求

　日本にいるインドシナ難民の男性が、自分の本国へと向かっていく要因が明らかになったが、それでは彼らはどうやって女性たちと知り合うのだろう。本節では、誰が本国にいる女性たちと日本に住む男性を結び付けているのか、親族のネットワークに焦点をあて、そのネットワークの役割を明らかにすると同時に、その親族たちも同じく女性を呼ぶことにどのような利点があるのかを明らかにしていきたい。

4.3.1　誰が誰を呼ぶ？

　今回の聞き取り調査をした女性10人のうち、「夫を誰に紹介されましたか」という問いで一番多い回答だったのは、「夫の母」で10人中4人であった。また「叔母／伯母」と答えた人が3人である。残りの3人は、遠縁の男性が1人、夫の弟の妻が1人、姉の夫が1人であった。思いのほか夫

の母が直接「嫁探し」をしていることが多いことが伺える。呼ばれる女性
たちにしてみれば、かなり近い親族、ほぼ三親等以内の親族からの紹介で
呼ばれているのだ。また、夫の母4人、「叔母／伯母」と答えた3人に、さ
らに夫の弟と結婚していた妻が自分の友人だった人も含めると、10人中
8人が女性からの紹介で夫と知り合っていることがわかるだろう。

　　夫は叔母の知り合いだった。で、彼が叔母と一緒にベトナムに帰ってた
んだ。そのときにまあ会って、いろいろお話して、お付き合いして、で結
婚して日本に来たんだ。まあ叔母さんに紹介してもらったってことだよね。
（ダン）

　　叔母さんも日本にいるのね。平塚に。叔母さんが紹介してくれた。ヒン
叔母さんって言うんだけど。その叔母さんが難民キャンプにいるときから、
今のだんなさんを知ってたんだって。自分は一度離婚を経験してたからま
ただまされるんじゃないかって心配だった。でも叔母さんがダンナは性格
はよくわかってるし、大丈夫だよって。叔母さんが一度カンボジアに遊び
に来てね。そのとき会ったんだけど、そのとき本当に自分の生活が苦しくて。
（カート）

カート：戦争終わったあとに、義母の友達なんだけど、自分の妹のように
　　　　かわいがっていたティ叔母さんという人がいて、そのティおばさ
　　　　んと私の母が友達だったの。で、そのティおばさんが私の事を義
　　　　母に紹介したんだ。
　＊：それって、お義母さんが息子さんにいい人がいないかって探して
　　　　たってことなのかな？
カート：お義母さんカンボジア来たときに、私の家に泊まって、多分私の
　　　　こと見てて、そういう話になったみたい。
　＊：じゃあやっぱり、最初からお義母さんは息子さんにどうかなって
　　　　探してたんだよね。

第4章　本国の妻を必要とする夫たち、本国の「娘」を必要とする女性たち

　またインタビューの中で、本人が自分の妹3人に夫の知り合いの男性を紹介することで、すべて呼んだという女性もいた。ラサだ。

> ＊：ラサが一番上っていうことは、まだ4人下に兄弟がいるってことだよね。でみんな働いてらっしゃるの？
> ラサ：4人姉妹で、1人が男の子なんだけど、4人全員日本にいるの。
> ＊：4人日本にいるの？　でもラサよりずっと若いでしょ？
> ラサ：みんな1歳違いなの。私の下は1歳違い。その下は2歳違う。
> ＊：みんな結婚？
> ラサ：全員結婚した。弟もカンボジアで結婚してる。
> ＊：4人姉妹の全員結婚できてるの？　日本にいるカンボジアの人と結婚したんだ？
> ラサ：そう、みんなダンナの友達。

　本国の女性たちと日本にいる男性たちをつなぐネットワークは女性主導の、それも姉が妹を呼ぶというラサの事例まで含めて、かなり近い親族が中心になって構築されていることが言えるだろう。それではなぜ多くの女性たちが自分の親族を、呼び寄せようと努力するのだろうか。
　まず呼ぶ女性たちの社会的状況を振り返ろう。彼女たちは基本的に呼ばれる女性たちの夫と同じインドシナ難民だ。とすれば、前節で明らかにしてきたインドシナ難民男性の社会的状況がほとんど同様に当てはまることになる。こうした難民女性に特化した調査というのはなかなか少ないが、ベトナム難民の女性については、女性だけを対象にした調査が国際移住機関（以下IOM）によってなされ、その報告書が2008年に刊行されている。この調査の対象者は、本人が難民としていわゆる船に乗って出てきた第一世代と日本生まれや日本で教育を受けた第二世代の双方が含まれているので、世代によって受け取り方や生活パターンが若干ばらつきがあると考えられるが、日本語によるコミュニケーション能力について60%が「自由に使える」「生活に不自由しない程度に使える」と答えていた一方で、「生活

のなかで困る」(30%)、「ほとんどできない」(10%)と4割近くが日本語に困難を抱えていた。また職業についても、回答者の3分の2がパートをしているということだった。このことから、先に描いたインドシナ難民の男性と同様に日本語能力に問題がある人も多く、なおかつ経済的には、パート勤めをしているために収入が高いレベルにはいないということが、少なくともわかるだろう。IOMの調査より10年以上前の内閣官房の調査（1997）によると、概ね女性は男性より月収が少ない。男性は月収20万から30万の範囲にいる人たちが7割を占めるのに対して、女性は10万以下が62％を占め、さらに10万から15万の範囲にいる人が27％と、月収15万円までの人たちが9割を占めている。日本に在住するインドシナ難民の女性たちは、男性以上に社会的経済的に不安定な地位にいることは明らかだろう。

4.3.2 「娘」のような「妻」たち──経済的期待

　しかし、そんな彼女たちも母国からの送金義務とは無縁ではない。第3章でも示したとおり、ベトナムでは女性からの送金は、額は大きくないものの、継続的に送られるという意味で、非常に安定したものである。これは反対に見れば、女性の方がより送金に対して真摯に取り組んでいることの表れでもある。先の1997年の内閣官房インドシナ難民対策連絡調整会議事務局の調査では、海外への送金については男女差が示されていなかったものの、7割近くの人が母国への送金を行っており、その額は年平均21万円になるという。ほぼ毎月2万円を母国に送金していることになる。これが一世帯の額なのか、一人あたりの額なのかは明らかではない。しかし、この送金というのは日本に生活する一人一人にとって大問題だ。特に結婚して双方の家族がベトナムやカンボジアにいるということになると、どちらにどれだけ送るかということは、常に夫婦間の火種となる可能性を含んでいる。ちなみに聞き取りに答えてくれたジュンは、両方の両親に送金していると言っていた。

　こうした女性たちは、経済的な困難に直面することも多い。もちろん男性より収入が少ないということもあるが、彼女たちはかなりの確率で離婚

を経験する。聞き取りをした女性たちの夫10人のうち４人が離婚経験者ということは、裏を返せばそれだけ離婚した妻が日本に在住していることを意味する。先にも述べたようにフィールドでは、かなり高い確率で離婚経験者に出会った。インドシナ難民の女性にとっては、離婚による収入減ということも経済的困難さの大きな要因になりうるのだ。それにも関わらず、本国からの送金への期待は決して低くなるわけではない。その場合、自分が送金をしなければいけない親族に対し、自分と同じように送金できる人をもう一人増やすことが、自分の負担を軽減することになる。

　ただし、自分の親族は自分で呼ぶことはできない。基本的に呼び寄せが可能なのは、呼び寄せをする人が、呼び寄せられる人に対する扶養義務があることが前提である。そのため、たとえ妹であったとしても自分では呼ぶことができない。そこで自分の親族と結婚してくれる男性を見つけるのが一番早い。こうして、日本に住む叔母や姉たちが、自分の姪や妹を日本に住む男性に紹介するという必要性が生まれてくるのである。

4.3.3　「娘」のような「妻」たち――情緒的サポート

　さて、経済的役割に対する期待のほかに、日本に先に住むインドシナ難民の女性たちが「姪」や「妹」を呼ぶ理由がもう一つ考えられる。それは情緒的・心理的なサポートだ。定住過程については、第６章で細かく検討するものの、移民や難民が自分の出身社会でないホスト社会に定住する際、一般的に女性の方が、男性より困難を抱えやすいといわれている。それはもちろん、経済的な資源へのアクセスの過多、あるいは出産・育児といった女性がより負担を抱える出来事に対するサポートの少なさなどが理由である。これは日本に定住しているインドシナ難民の女性たちにも少なからず当てはまる状況だ。先の IOM の調査（2008）を見ても、女性は経済的に困難な状況にあるし、子育て中という人も少なくない。ダンのケースのように、自分の子どもが生まれたとき、呼び寄せてくれた叔母も障害を背負った子どもの世話で忙しかったという話もあった。呼び寄せてくれる側の女性たちも、家事や育児で忙しく、日々の生活が大変という場合もあるだ

ろう。また、中には離婚をし、母子家庭として生活しなければならない人たちもいる。日本語のコミュニケーション能力の問題もある。一般論として、女性の方が男性より言語の習得は早いといわれているが、私が聞き取りをした女性を呼んだ側の女性たちの中でも、日本語のレベルは決して高くないという人も複数いたし、先のIOMの調査でも対象者の4割が日本語の問題を抱えていることが明らかになっている。こうしたいくつもの困難を抱えた女性たちは、ある程度ホスト社会にうまく適応している人たちと比べれば、心理的な負担が大きいことは言うまでもないだろう。

　アメリカにおけるベトナム難民の定住過程についての研究を行っているThanh (1985) がHouse (1980) を引用して述べているのは、定住における心理的負担を軽減するものは、「個人間の相互行為で、情緒的関心（好意、愛情、共感）、手段的支援（物やサービス）、情報（状況に関する）、評価（自己評価に関連する情報）のうち、一つあるいはそれ以上を含むもの」といったソーシャル・サポートを得ることだと指摘しているが、そのためにはソーシャル・サポートを提供してくれる個人との関係構築が必要になる。House (1980) はこのソーシャル・サポートを提供してくれるのは、「配偶者、友人、親族、同僚、職場の上司、近隣者、専門家および介護者」としているが、現実的にホスト社会にうまく適応できていないインドシナ難民の女性たちにとって、「職場の上司」や「近隣者」、「専門家」といったホスト社会に関わる人たちからのサポートを受けるのは現実的にはかなり難しい。離婚した女性の場合は、「配偶者」はまったく頼れる存在ではない。とすると、結局自分の友人か近い親族になってしまう。先のIOMの調査によれば、ベトナム難民の女性たちが困ったときに相談する相手は約4割前後が「家族・親族」あるいは「友人」といった私的な資源だという。「姪」や「妹」が必要とされる理由はこうした女性たちの社会的背景によるものなのだ。

——— むすび

　日本にいるインドシナ難民の男性たちが、なぜ本国の女性との結婚を望

むのか、その社会経済的背景から考察してきた。彼らは総じて結婚に対しての希求は高い人たちだった。経済的に困難な状態にある場合が多く、妻を迎えることは、家計を支える人をもう1人増やすことでもあった。また離婚歴があり年齢層が高い人も多かった。その場合、本人がすぐにケアの必要になる人たちである。妻を迎えるということは、家庭の中にケアの担い手を確保することであるのだ。しかしそんな彼らが結婚をしようと思った場合、日本社会で相手を見つけるには様々な困難が伴う。彼らは決して日本語能力が高い方ではなく、日本語でのコミュニケーションには困難が伴う。日本語がそこそこできる人でも、自分より年齢が高く日本語コミュニケーションがさらに難しい両親や親族たちを抱えている。母国語ができ、その上に、「伝統的」でやさしく、よく働く女性でなければならないとすると、本国にいる女性たちがもっとも彼らに適した女性ということになる。

　そんな彼らと、本国の女性をつなぐのは、女性たちの親族だ。その中でも叔母や姑などといった女性たちが結婚を主導することになる。結婚をつなぐ親族の女性たちも日本に先に来た「インドシナ難民」の女性たちであるのだが、彼女たちの中にも定住に困難さを抱える人もいる。そうした女性たちにとっても、自分の姪やあるいは知り合いを通じて嫁を見つけることは、日本で生活する上での経済的コストを削減する――送金義務を分担できる――と同時に、心理的な負担をも緩和することになる。

　こうして、日本側の男性の希望と本国にいる女性たちの移民に対しての希望が親族の女性たちの欲求と適合したときに、親族ネットワークを利用した結婚移民は促進されるのである。

注

1　女性の家庭内の労働は、夫が扶養するという形で、有償であるという議論
　ももちろんあろう。ここでは理論的に、再生産労働が近代家族の中では女性
　が無償で行ってきたものであるという前提に立ち、結婚とは男性が無償の労
　働者を手に入れることになる、と考える

2　これは川上（2001）も指摘するように、男性の方が出国先でより雇用されや
　すく、送金が容易になるという、難民を送り出す家族の戦略であったためで
　ある。この判断は、男性の単身労働者の移民が多いことの理由とも重なるも
　のである。

第 5 章

優遇される「妻」、規制される「労働者」、そして働く「妻」

　「(私が結婚する少し前) ちょうどアメリカにいるお姉さんが ODP としての呼び寄せを手続きをしていたんだけど、すごく時間がかかるからね。あと、ちょうどだんなさんが帰って、まあ、そういうこと、運命っていうか出会いがあったので、だんなさんと帰ってきて結婚したからね。だからまあ日本でもいいかって。だからアメリカの書類は断っちゃった。やらないで日本に来た。で下の妹たちはまだ手続き中で、5、6年経ってるけど、まだ許可が下りない」

　(アメリカ？)

　「アメリカは 10 年が審査期間だって」

　(そんなに長いの？　日本はすぐなんだ。日本に結婚で来るなら 1、2 年だもんね)

　「結婚はすごい早いね。そう。例えばアメリカにいる両親が、自分の子どもを呼び寄せるんだったらすごい早いけど、5 年くらいでできるんだけどか。でも兄弟が兄弟を呼ぶときはすごい時間がかかる。10 年とかかかっちゃうんだ。結婚は一番早くてそれ以上早いものはない」

　さて、これまでなぜ女性たちが、結婚と労働のどちらもある選択肢の中で結婚を選んで移動するのか、あるいはなぜ男性たちが本国から妻を呼ぶのかについて考察してきた。結婚が遅くなったことや、女性が働いても生活が立ち行かない生きにくさが海外移住への動機となった。そしてこの動機は、かなり身近な親族たちによって、本国から妻を呼びたい男性たちとつながることになることを明らかにしてきた。しかし、もう一つ、彼女たちが結婚で「日本に行く」という選択肢を採る際に、非常に大きな影響力を及ぼすものがある。それは先進各国の移民に対しての政策だ。

この事実をはっきり示してくれたのは、トランだ。トランはアメリカにも移民の申請を出し、その後日本に結婚でやってきたという女性だ。冒頭で、アメリカでの審査には10年かかるが、日本で結婚で申請する場合は一番早い、と言った言葉を引用しているが、これはトランの言葉だ。彼女の話では、彼女の上の兄弟がアメリカに難民として渡っていた。彼女は、その兄弟に呼び寄せてもらって、本当はアメリカに行くことを希望していた。しかしアメリカにいたのは彼女の兄弟だった。アメリカにいる兄弟が彼女を呼び寄せることは非常に難しく、似たような境遇の友人の中には10年待っている人がいたという。それに比べると、日本に行くには2年、おまけに結婚で行くのが一番早いという。

　このことは、大きく二つのことを示している。まず家族、それも「結婚」が、手続きにかかる時間が一番短いということ、さらに日本とアメリカを比べた際に、手続きは日本の方が短い、という点だ。本章ではまず、結婚で移民をするのがなぜ一番入国許可が認められる時間が短くなるのか、各国の移民政策の基盤となっている論理を振り返る。その上で、実は移民選択の背景にある倫理観にさほど忠実ではない日本の方が、結果として申請期間の短さに結び付いていることを明らかにしていく。

　またその後は、結婚と労働にまつわる移民選択の論理の違いにも触れていく。第3章では、結婚か労働かという選択肢の中で、女性が労働を目指して国際移動することが、実は障壁が高いことを述べた。ここではさらに、労働移民の受け入れが、結婚移民の受け入れとはまったく異なる論理で受け入れ国側から認識されていることを明らかにしていく。

　ここで注目したいのは、女性たちが移動のために利用可能な資源というのは、決して女性の希望とマッチした形で提示されるのではなく、受け入れ国の移民選択の論理に適合的に提示されているという点だ。例えば労働移民であれば、受け入れ国が求める労働条件に応じて、エージェントなどが広く移民を募集することになる。この場合は親族を頼るいわば相互扶助的な移民とは異なり、たとえ親族がその移動先の国に存在していなくても、多くの女性がその募集に対してアクセスが可能になる。しかしそれは同時

に、応募者間の競争の拡大も意味をする。とすれば、女性たちはいかにその応募にマッチする女性であるかということを常にアピールしなくてはならない。しかし、親族のネットワークという排他的なネットワークを利用できる女性ならその必要はないため、そちらを選択することになるだろう。

　そこで本章ではまず、移民政策を支える論理を一般的に振り返っていく。その後、なぜ彼女たちの行き先がアメリカではなく日本になったのか、両国の移民受け入れの手続きから考察を進める。また、なぜ労働での移民は難しく結婚での移民は簡単なのかを振り返り、最後に、各国のこうした移民政策のあり方が、結果として第3章で見たような結婚と労働の間にあるジェンダーによる序列化をより強化することになると結論したい。

―――――――――――――――――― **5.1　移民選択の論理とその影響**

5.1.1　民主国家の人道的、道徳的義務

　ベトナム人が難民となって、100万人以上が受け入れられてきたアメリカは、周知のように建国当初からヨーロッパ系の移民が中心となって国家をつくってきた移民国だ。現在でも抽選で永住権を取得することが可能であったり、あるいはある一定の移民の特別枠があったりと、移民を受け入れることに対して、基本的に積極的である。アメリカと同じように、移民に寛容な国々は移民国家であるカナダやオーストラリアであり、アメリカほどではないものの、10万人以上のインドシナ難民を受け入れた国である。一方、ベトナムやカンボジアの旧宗主国であったフランスや日本は、伝統的な移民国ではなく、特に日本は確固とした移民政策があるわけではない。

　しかし基本的にはその国内の経済状態の良し悪しが移民受入数や法律の改正などに影響があるものの、こうした先進各国が移民選択を行う際に基盤となっている理念がある。Carens (2003) が言う「人道的、道徳的」義務だ。多くの民主主義を標榜する国は、この「人道的、道徳的」義務を無視することはできないという。カナダが移民に対して「人道主義と思いや

り」を持って接するというのは有名だが、それ以外の国々もたとえそれが自国の利害にあわないときでも、国際社会の中で道徳上ふさわしい行動であると認められるようにいかに行動するのかを常に求められるために、この「人道的、道徳的」義務は、果たさなければならない無視できない理念であるというのだ (Carens 2003)。そしてこの「人道的、道徳的」義務により、受け入れなくてはならないのは、難民とすでに先行して受入れ国に在住している「市民の家族」であるという。以下では多くのインドシナ難民が行き先として選んだ (つまりその後の家族の行き先になりうる) アメリカと日本とを比較して、「人道的、道徳的」義務に基づいた両国の移民選択のあり方を振り返ってみたい。

　日本が初めてボートピープルに直面した際、日本には彼らを助けようにも、彼らを日本に滞在させることはおろか、上陸させることさえできなかった。そのため結果として、一時的に上陸させたとしても、彼らを定住させることはせずに、次々と別の国へ送り出した。それは単純に、外国人を日本に上陸させるための法律が存在しなかったためである。それに対し、この日本の行動が国際社会から一斉に非難を受けることになるが、その批判の根拠こそ、この「人道的、道徳的」義務を日本が果たしていない、というものだった。つまり経済大国となりつつある民主的な国ならば、当然難民を受け入れる人道上の義務があるというものだ。結果としてこの国際社会の圧力によって日本はインドシナ難民を受け入れることになった。当時は年間500人から1,000人を受け入れるという、いわゆる割り当て制に基づき彼らを受け入れ始めた。何十万人も大海に漕ぎ出すボートピープルのほんの一部に過ぎなかったが、それでも結果として8,000人前後のベトナム難民と、3,000人ほどのカンボジア・ラオス難民を受け入れることになったのだ。

　一方、インドシナ難民発生の直接の当事者であったアメリカには、大量のインドシナ難民が押し寄せることになる。野津 (2007) によれば、アメリカのインドシナ難民受け入れには、3度の波があったという。その第一の波は、まず1975年のベトナム戦争終結後で、特に南ベトナム政府の関

係者、あるいはアメリカ大使館などで働いていた人、そして南ベトナム軍の関係者がアメリカへと脱出した。第二の波は、国連難民高等弁務官事務所とベトナム政府の間に交わされた合法出国計画が締結され、家族の呼び寄せも認められた後だ。そして第三の波は、アメリカの軍人との間に生まれた子どもたちとその家族が受け入れられたときだという。第一の波のときは「インドシナ移民難民援助法」が、そして第三の波のときは、US ホームカミング (帰郷) 法という法律の制定がそれぞれ契機となっている。アメリカのインドシナ難民に対する入国基準は、Carens の言うところの「難民」と「市民の家族」という二つの「人道的、道徳的」義務に基づいていることが明らかだろう。

　ただしそれでも、どの難民を入国させるかというのはそれぞれの国の基準にゆだねられている。アメリカでは、難民申請した人物がアメリカに入国を求めた場合の基準は、彼／彼女が故国で強制的な迫害を受けたことがあるか、アメリカで「人道上の特別な懸念がある」と考えられている民族や宗教に属するものか、あるいはすでに難民としてアメリカに住んでいる人の配偶者や未婚の子ども、また両親であるか、などである。インドシナ難民以降でも、例えば2008年には 6 万人を超す人が難民として認定され、アメリカに受け入れられている (US Homeland Security ホームページ)。一方、日本では「人道的」な観点からインドシナ難民を受け入れて以降は、まとまった数の難民を入国させてはいない。難民申請をする人の数に比べて、あまりに認定者数が少ないことが、毎年批難を浴びるくらいだ[1]。もちろん移民国家としての歴史を持ち、難民の受け入れプログラムも持っているアメリカと一概に比較することもできないだろう。アメリカが考える「人道的観点」と日本が持つ「人道的観点」が異なることもある。しかし、この数字を見ると「人道的、道徳的」義務は必ずしも、すべての先進国に継続的に圧力となりうるわけではない。

　もう一つの人道的義務の対象である「市民の家族」については、どこの国でも基本的に最優先で入国の手続きが行われる。だがやはり、誰が「市民の家族」となるかは受け入れ国によって異なる。アメリカでは、基本的

に市民とはアメリカ国籍を取得している人となる。アメリカ国籍を取得している場合は、外国生まれでも彼らのアメリカ国外に住む両親と未成年で未婚の子ども、配偶者が最優先で呼び寄せが可能である。ただしその他の親族を呼び寄せられないというわけではない。呼び寄せの申請の優先順位が下がるだけのことだ。優先順位順に、成人した未婚の子ども、結婚した子ども、そして兄弟姉妹を家族として呼び寄せることができる。この順位が下がるにしたがって、申請の待ち時間が長くなる。また、呼び寄せる人がアメリカ市民ではなく永住者であったとしても、呼び寄せは可能である。ただしその選択肢は限られる。配偶者か、結婚していない21歳未満の子どもで、その親の一方が永住者、については、優先順位の二番目として申請できることになっている。

　日本でも「市民の家族」については、難民と比較すると入国の基準が厳しくない。しかしやはり家族の呼び寄せができる外国人は、「永住者」か「定住者」だけになる。その範囲は呼び寄せる人の「配偶者」か「未成年の実子」か「6歳未満の特別養子」ということである。日本では養子縁組がそれほど一般的ではないため、結果として呼び寄せることのできる「家族」とは、配偶者か未成年の実子ということになる。また日本国籍を持たない永住者や定住者の両親や兄弟は家族として認められていない。これは、アメリカに在住の永住者とほぼ同じであろう。ただし、日本がアメリカと決定的に異なるのは、外国人が国籍を取得するのにアメリカは制度上困難さが少ないのに対し、日本では日本国籍をとることは非常に難しいことにある。結果として、親族を呼べる「外国人」の範囲が日本では非常に限定的であるのに対し、アメリカではかなり幅広いことになる。実際私が生活相談の中で見た事例で、ある永住者が60代を過ぎた親を親族訪問で呼んで、日本で病気を見てもらったというケースがあった。病状が思わしくないことがわかり、自分の近くで面倒を見たいと思ったが、永住者の親の在留資格はない。そのため、結局在留を認められることはなかった。もちろんアメリカでも永住者が親を呼び寄せることはできないが、どうしても親を呼びたいときには本人が市民権を獲得するという方法が比較的簡単に採りう

る。実際にアメリカで弁護士がこうしたケースにアドバイスをする場合は、
国籍を取れ、ということのようだ。それに対し、日本で永住者が国籍を申
請することは、それほど簡単なことではない。

　Carens の言う「難民」と「市民の家族」に対する「人道的、道徳的」義
務については、確かに多くの受入れ国が配慮している。ただし実際の各国
の対応は一律ではないことが見ることができよう。アメリカのように幅広
い選択肢を提示する国もあれば、「人道的」配慮はある程度見られるものの、
移民に対してほとんど選択肢を提示することのない日本のような国もある。
しかし、どの国でもその国内に住む市民の家族として、配偶者を最優先と
している。移民する側から見ると、難民にはなれない以上、もっとも優遇
され、かつどの国にも入れる可能性の高い方法は、「配偶者」か「子ども」
になることだといえよう。

5.1.2　妻なら4〜5年、妹なら10年、日本半年

　ここまでの日本とアメリカの移民受け入れの違いを見れば、多くの人が
アメリカを選択しようとするのは、当然だろう。アメリカは移民で国家が
でき上がっているし、受け入れも優先順位がつけられながらも、かなりの
広範囲の人たちに移民の可能性が提示されている。しかし、アメリカがこ
うした幅広い対象者に対し米国への移民の権利を制度的に保障していると
いうことは、移民希望者にとってはアメリカへの入国が許可されるまでに
長期間待たされることを意味する。移民希望者にとって、アメリカの移民
法で決められた優先順位の高いところに親族がいれば、移民はスムーズ
（それでもフィアンセビザを取るまでに1年近くはかかるという）だろうが、優先順
位の高いところに親族がいない場合、大変な時間がかかる。アメリカに渡
って市民権を得た人たちが、兄弟や両親まで含めた親族を呼び寄せること
が可能であるいうことは、反対に言えば、多くの人が手続きを望んでいる
ことにもなるからだ。その結果、4、5年待ちはざらだという。永住者の
配偶者の呼び寄せについては、ビザが下りるまでの時間があまりに長期化
していて、新たなビザのカテゴリーが設立されたほどだ。最低でも3年以

上はかかるといわれている。つまりこれから入国しようとする移民が移動するまでの早さは、結果として、優先順位の高いところに親族がいるかいないか、というネットワークの有無によって左右されることになる。

　冒頭のトランの話はこれを示している。彼女の兄弟はアメリカにいて呼び寄せの手続きをしていた。しかし、移動するトランとアメリカに在住する姉との関係は「兄弟」である。申請は可能だが、もっとも優先順位が低いため、申請後10年も入国を待たされることになるというのだ。彼女は兄弟という非常に近い親族がアメリカに在住していたものの、それはアメリカの移民法上、決して優先度の高い親族ではない。そのために、彼女のアメリカ行きはそれそのものが立ち消えになっている。彼女がアメリカとの間に持っていた親族ネットワークは、彼女のアメリカ行きを促進することはできなかったのだ。

　反対に日本では永住者と定住者については、配偶者と子どもを呼び寄せることは可能である。だがそれ以外の外国人たちは家族の呼び寄せをすることはできない。結果として呼び寄せの手続きの数がアメリカのように膨大になることもない。日本は外国人にとって広く移住の機会が解放されているわけではないが、逆に移民する側にとってみれば、その限られた機会の中で認められているネットワークを持ちさえすれば非常に排他的で特権的なネットワークになりうる。結婚での呼び寄せの申請の補助作業をしたことがあるが、おおむね手続きをしてから日本に入国が決まるまでに約半年だ。これはアメリカの市民が配偶者を呼び寄せる手続きを最速でする場合とほぼ同じ程度の時間である。

　結果として、「人道的配慮」から移民の家族にとって門戸が開いているアメリカより、夫となる人が見つかりさえすれば、日本の方が圧倒的に速い手続きで、入国することが可能だという逆説的なことが起きているのだ。もちろんアメリカで「配偶者」を探してもらうことが可能ならば、それが一番の選択肢なのかもしれない。しかし、すぐにでも移民がしたいという人たちにとって、日本に配偶者で来ることが、申請時間の速さの面で、その魅力が増すことになる。結果としてインドシナの人たちが移民先として

日本を選ぶのだ。

5.2　労働移民受け入れの論理

5.2.1　自国の利益となる労働者

　さて、移民の論理として「人道的、道徳的」義務により、アメリカも日本も自国に住む外国人の家族の受け入れも保障している、と述べてきた。これに対し、労働移民を受け入れるかどうかは、ほとんどの国が自国に利益があるかないかが判断の基準になっている。よほど専門的な知識がある、あるいは投資活動や経済活動を行える人は別にすると、基本的には自国で人手が足りない分野に対して優先的に在留許可が与えられるという形になる。

　アメリカでは数ある非移民ビザ[2]の中で、「アメリカで人手不足となっている農業に一時的に従事する外国人」あるいは「アメリカで人手不足となっている職業に一時的に従事する外国人」というビザが存在し、人手不足の分野には積極的に移民を取り入れていこうという姿勢がある。さらに、これに加えて慢性的な人手不足である看護師のビザはまた別なカテゴリーとして存在している。看護師や介護士は、オーストラリアやカナダなど、アメリカと同じ移民国家の国々でも「必要とされている職業」というカテゴリーにリストアップされている。カナダでは住み込みのケアワーカーに特別な移民プログラムを実施しており、この住み込みケアワーカーなら本来5年程度の合法的な活動が必要な永住申請が、2年間でできるというほどの優遇ぶりだ。さらにそれまでは、移民は自国の植民地であった国々からの流入がほとんどであった英国でも、ポイント制による移民受け入れ制度が導入された上に、フィリピンとの二国間協定によって看護師を確保する動きが2000年代に見られるなど、人手不足を移民に頼ろうとする国々は増加している。

　この人手不足の分野に必要な人材は積極的に政策的に確保していくという姿勢は、欧米の移民国ばかりではなく、現在では新興工業国（NIES）と

129

呼ばれる台湾やシンガポールなどにも見られる。台湾では、急激な経済成長の結果、自国内の労働力で足りなくなった労働力を移民で賄おうという方向が1990年代に入ると採られ始めている。Chan (1999) によれば、1991年に製造業の分野に外国人労働者の割り当て制度が導入され、1992年には「Domestics」というカテゴリーを入国管理上合法的なカテゴリーとして導入し、ここに外国人労働者を割り当てるという方針を採っている (Cheng 2004)。Cheng によれば、この「Domestics」というカテゴリーで働ける職種は二つ、家事労働者である住み込みのメイドか介護者である。また、香港やシンガポールでは台湾より15年も早く家事労働の分野での移民受け入れを開始しており、これらの国々では香港で人口の約5％、シンガポールで人口の約3％が移民の家事労働者というほど、多くの外国人を人手不足の分野に受け入れている。

　一方日本では、2008年までは介護労働を含めたケアの分野を初め、単純労働に就くための外国人を原則的にはまったく受け入れてこなかった。ただし1981年に創設された研修生という資格で、1993年からは学ぶだけでなく、「労働者」としての技能研修も受けられるような制度が導入されている。労働のための技能研修の場を日本企業が提供するという考え方だが、利用する日本の企業の側から見れば、彼らは実質的な低賃金で使える「労働者」である。また実際に研修生制度を利用しようとする移民の側から見ても、日本で働きたい場合に利用する受け入れの枠組みとなっている。

5.2.2　限定的な選択肢／限定的な人材

　外国から来る移民の労働者は、人手不足のところに入れるという先進国の論理が招く結果は二つある。そもそも人手不足の分野というのは、先進国内の人材が集まりにくい分野である。つまり何らかの事情で先進国内の人材が避けるような仕事である。アメリカの農業分野や、バブル経済当時に日本が経験した建設分野での単純労働など、体力的にきつい仕事であるか、あるいは介護や家事労働などいわゆるジェンダー化された労働分野での仕事である場合が多い。そして、おおむね家事労働や農業など、決して

賃金が高い労働ではない。だからこそ、国内の人材が集まりにくい労働分野であり、その部分だけが外国人に開放されることになる。こうして先進国内の特定の労働分野にのみ外国人が集中する事態が起こる。二つ目は、一つ目の裏返しだが、こうした人の集まりにくい分野以外の仕事に、外国人は労働者としてはアクセスできないということだ。極端な例だが、移民の女性がたとえどんなに先進国内で事務の仕事がしたいと思ったとしても、その事務の仕事に外国人が就くことが認められていない場合、事務の仕事に就くことはできない。

　第3章で見たように、インドシナ難民の家族の女性たちが海外で仕事を見つけようと思った場合に、圧倒的に家事労働者が多かったことは、こうした先進国側の受け入れの論理の結果なのだ。つまりインドシナ出身の女性たちの多くが、家事労働者として出国するのは、本人たちが希望して家事労働者になっているというよりは、先進国内で人手が足りない家事労働者に対しての需要のみが存在するので、その需要に適合的に家事労働者となっているに過ぎない。そしてその方法が、政策上認められていることだとするならば、それが労働を目的として合法的に国際移動をする数少ない手段となるのだ。人手不足の労働分野のみ開放するという、自国の利益にかなった至極当然に思える先進国の移民政策の結果、移民しようとする女性は、非常に限定的な選択肢だけを提示されることになる。

　こうした先進国内の需要と途上国にいる女性たちをつなぐネットワークは、基本的には先進国内の労働需要／政策に合わせた形の民間のエージェントとなる。例えば、台湾に家事労働者を派遣するのは、ベトナムの海外労働派遣会社だ。こうした派遣会社は、民間企業である以上、この派遣会社は儲けがでなければならない。優秀な人材を送るためにどんな人にもアクセス可能であるが、やはり最終的には条件のそろった人材でなければ採用されない。当然のことながらその分競争は激しく、実際には誰でも利用可能な制度であっても、誰もが派遣されるわけではない。例えば2000年に日本労働機構が発表した海外労働時報（日本労働機構2000）によれば、台湾の労働市場が家事労働者の質を求めるようになったため、台湾の労働市

場からベトナム人女性が締め出されないよう労働者の採用基準を厳格にするようにと、ベトナム当局から労働者海外派遣会社への指導があったとしている。また、聞き取りをした女性の話にもあったが、日本への研修生の応募が開始されると、応募する人のほぼすべてが日本行きに応募するようになり、ほとんどの人は採用されないという話もしていた。つまり、働く分野も単純労働や家事労働などに限られる上に、さらにその応募でさえ誰でも能力に関係なく採用されるというわけではないのだ。

5.2.3 優位に立つ「妻」

こうしてみると、労働を目的として移民することは、当然といえば当然のことだが、まず本人の資質が問われることを意味する。その上で、その資質が他に競合する移民たちより一歩も二歩もぬきんでていなければならない。さらに、多数の移動労働を希望する女性たちとの競争を勝ち抜いて海外に派遣されたとしても、女性にとって参入可能な労働市場は、家事労働や介護労働などジェンダー化されていて、先進国の女性たちが回避するような市場ということになる。

一方、結婚、つまり妻になることを目的として移民することは、女性たちの自分の資質を問われることなく、その関係性さえ確保できれば達成できる容易な手段であることがわかる。もちろん紹介されるにあたり、「かわいい子がいい」とか「気立ての良い子がいい」とか「やさしい子がいい」というようなことは問われるだろう。しかしそれは、親族のネットワークの間でのやり取りであれば、いくらでも粉飾は可能である。結果として、結婚移民の方が、関係性さえ確保できれば、女性たちにとっては相対的に有利な選択肢になるということがわかるだろう。

5.2.4 働ける「妻」

また女性たちにとって、妻が何より有利な選択肢になりうるのは、彼女たちが基本的に就労を制限されていないことによる。妻として生活するということは、その国で安定的に定住していくということを意味する。安定

的に定住するということは、福祉の対象にならずに生活するということにつながる。第 4 章でも述べたが、定住者とはそもそも定住、つまり日本で生活することを保障する資格なので、生活するために就労する、つまり経済的に自活するのは当然ということになる。経済的基盤がしっかりしていることが、定住者として引き続き日本に住み続けられるかどうかの要件となっているので、むしろ働かなくてはならない。

　移民する女性たちにとって、妻として合法的に入国すれば、就労の制限もない。もちろん先進国内の自国民と比較したら就業の機会は圧倒的に限られているし、望めば何でもできるというわけではない。だが少なくとも、機会だけは豊富にあるがその職種が家事労働者だけという、出発前と同じという事態は避けられる。ヨーロッパなどでは、1970 年代は家族再統合で入国した女性たちの経済活動は制限されていたものの、実際には何らかの形で就労しており、国内の女性たちよりも就業率は高かったということが指摘されているが (Zlotnik 1995)、こうした入国後の就労が制限されていないという点においても、結婚による移動は、その方法として魅力的な選択肢なのである。

むすび

　移民を受け入れる先進各国には、その移民を受け入れる際の論理がある。結婚や家族としての移民は、基本的に「人道上・道徳上」の問題として、民主主義を標榜する国では比較的受け入れられやすい。特にアメリカに入国する際には、アメリカ市民の家族はそれだけで優先的に移民として受け入れられる。ただし、家族の誰が移民するか、によってその優先順位が異なってくる。また、アメリカ市民の家族がいれば基本的には誰でも移民しようとすることは可能なので、結果として膨大な待機時間が生じることになる。一方で、日本はその「人道上・道徳上」の義務に対して、さほど忠実ではないと考えられるが、反対にそれだけ日本に移民しようとする人の数は限られる。とすると、日本に家族がいさえすれば、日本に入国す

るまでに時間がかからないという、逆説的な状況が生まれている。ゆえに、結婚して日本に移民するというのは、相対的に移民の間では有利な選択して浮かび上がることになる。

　また、労働での移民は、移動する先の国益に適うような移民でなければならないため、誰でも移民が可能というわけではない。そのうえ、移動する先の国益に適う労働分野というのは往々にして移動する先の市民が忌避する労働分野である可能性が高い。それは単純労働の分野か、あるいは家事労働や介護労働などの分野だ。移民において個人の資質が問われる上に、行き先も限定的である。一方、結婚による移民は、基本的に、経済的に自活しながら生活することになるので就労制限はなく、結果として労働分野も「家事労働者」だけという状態から選択肢が広がることになるのだ。

　こうして送り出し社会における「妻」と「家事労働者」の間の文化的序列関係は、各国の移民政策によって、妻で移動することが相対的に優遇されることから、さらに強化される。ますます結婚移民は、選択肢として非常に魅力的なものになるのだ。

注

1　2015年の難民申請者は、7586人程度に対し、同年の難民認定者は27人にとどまっており、申請者に対しての割合は、1％にも満たない。

2　アメリカ大使館のウエブサイトには、「非移民ビザは、ビザ免除プログラムに該当しない方が米国を短期間訪問する場合に必要です」とある。ビザ免除がない国の市民が、アメリカに移住することを前提としない場合に必要なビザと考えればよい。日本人がアメリカを短期訪問する場合は、ビザが免除されているので、非移民ビザを取得する必要はない。

異国の地で「妻になること」「母になること」

　ホンが日本に着いた次の日からの一日は、団地の小さな一室から始まる。彼女の夫は朝早くから仕事に出かける。朝5時に起きて、お弁当作りだ。お弁当を作り終わったあとは、朝食の準備。その後夫を送り出す。送り出したあとは、洗濯に掃除だ。買い物にも行かなくてはならない。日本語を勉強したいと思っても、どこで勉強するのかよくわからない。買い物に行くにしても、近くのスーパーに行って、そのものを見て買う以外にない。団地のすぐそばにはバスが通っていて、もっともっと大きなスーパーに行くことも可能だが、バスに乗ることができない。どのバスがどこに行くかわからないからだ。彼女は仕事がしたくて、日本に来たのだ。日本に着いてわかった。日本語ができないのにどうやって仕事を探すのだろう。内職の仕事でも何でもいいのに。今は妊娠していて大変な仕事はできないが、内職の仕事ならできるのだが。母国では彼女の送金を待っている家族がいるのに……。

　これまで、第3章では女性が労働と結婚を同様の選択肢として選んできたことを描き、第5章では、結婚と労働をめぐる政策について考察し、移動する本人の目から見たときに、いかに結婚が魅力的に映るか考察してきた。女性にとっては、労働も結婚も、移民の方法としてはどちらも採りうる選択肢である。なぜならば、どちらを選んだ場合でも、結果として「自分の労働に見合う報酬を得ること」あるいは「家族を助けてあげること」という希望を達成しうるからである。労働移民と結婚移民はまったく別物の二項対立ではなく、その二つの関連性や連続性に注意を払う必要がある、というのが第3章と第5章での主張だ。

しかし女性が移民をする際の意識の中で、たとえ「結婚」と「労働」が同じ基準で秤られていたとしても、実際問題として、結婚による移民と労働による移民が決定的に異なる瞬間が来る。それは定住過程においてだ。結婚とはつまり「妻になること」であり「母になること」を意味する。もちろん「母」にならないケースもあるが、大半の場合は来日後に「母」になる。夫にとっては「妻」であり、夫の家族にとっては「嫁」である。「妻であること」は第5章で見たように、移民政策的には非常に優遇された政策であった。「妻である」からこそ、夫と常に一緒にいられるように人道的な配慮がなされ、優先的に入国できるのであり、また優先的に市民権を得ることができるのだ。

　しかし現実には、「妻であること」「母であること」は、「日本に仕事・経済的資源の獲得」「ジェンダー的な生きにくさの解消」を期待し、「経済的に不安定な夫」と結婚するために「身近な親族の紹介」で来た女性たちが、日本社会に定住するプロセスにおいて、必ずしも肯定的な影響を及ぼすとは限らない。第6章と第7章では、「妻であること」あるいは「母であること」の定住における影響を考察していくことになるが、まず第6章は、「妻であること」「母であること」が定住のもっとも初期の段階でどのような影響を与えるのかと考察する。そこで本章では、まず「定住とは何か」を振り返った上で、その各過程においての影響を具体的に考察していく。

―――――――――――――――――――――――――6.1　定住とは何か？

　移民が定住する過程については、これまで多くの研究が重ねられてきた。しかし、何をもって「定住」とするのか、「定住過程」には何が含まれるのか、実は決定的に誰もが合意するような定義がなされているわけではない。Leung (2000) は定住とは個人によって経験が大きくことなるので、定義をするのが難しいと述べている。また定住の「モデル」といえば、CastlesとMiller (1998) は「短期的な出稼ぎ」から「家族の呼び寄せ」を初め、「永住する」という四段階を示した。また、メキシコからアメリカに非正規で

入国する移民を事例として検証した Massey ら（1990）は、移民が定住するプロセスを、「個人の定住」と「社会的定住」、「経済的定住」の三つの側面にわけて論じた。その中でまず、Castles と Miller（1998）とも重なるが、男性のいわゆる「出稼ぎ（定住をしないで米国滞在を一時的なものと捉えて、母国への送金を主目的とすること）」労働者の滞米年数が長くなると、家族の呼び寄せが増え、妻や子を呼ぶようになり、その後、米国生まれの子どもが増えるなどする。

　Massey ら（1990）が定住プロセスを「個人の定住」と「社会的定住」、「経済的定住」と分けたように、移民の定住プロセスについての研究は、個人といわゆる移民という集団の定住の双方を示す場合が多い。また、社会学的観点から言えば、個人的な定住がいかに行われるかということよりも、移民という社会集団の定住がいかに進むかということを研究することに重点が置かれる傾向にある。Massey らが言うように、一時的な滞在から、長期滞在へと移民の意識が変化することによって、家族が呼び寄せられ、子どもが学校に行くようになり、という一般的な定住パターンがあることは間違いない。さらにそこに移民コミュニティができてきて、様々に移民への資源を提供するようになる、というのも明らかだ。しかし、たとえ同じ移民コミュニティに属していたとしても、そのコミュニティから得られるものは、個人の属性によって異なる可能性が高い。

　移民研究の中で、個人の適応を考察するものは、どちらかというと心理学的なアプローチが多い。しかしその中で、アメリカと同様、多数の移民・難民を受け入れてきたカナダで、個人の定住についての社会学的研究が1990年代後半から2000年代にかけて数多くなされてきた。特に、政府がカナダに入国する難民に対して「定住」プログラムを提供しており、そのプログラムを立案・運営しさらに定住の指標を設定する必要がある。そのためか、移民が「定住」することとは何かを具体化する研究が進んでいる。「市民権と移民のカナダ」（CIC）（1995）では、定住を次のように定義している。

　定住とは、ニューカマーがカナダに着いてからの最初の数年間の間に踏

むプロセスのことで、自活できるようになるための基本的な情報、知識と
スキルを手に入れることである。それには、住まいを見つけ、仕事を見つ
け、カナダの公用語でコミュニケーションができるようになり、医療・保
健サービスへのアクセスを確保し、学校との相互コミュニケーションがで
きるようになることが含まれる（CIC 1995: 2）。

　その他にも例えば Neuwirth (1989) は、この CIC の定義と同様に、定
住とは移民が新しい国に来た過渡期に、言語、経済、職業、社会制度、文
化、そして心理的安定を手に入れることであるとしている。カナダとア
メリカの移民政策の比較研究を行っている Schmidt (2007) は、個人が定
住する一つ一つのステップにも注目しながら、定住することとは何かを定
義している。彼によれば、「定住すること」は次の四つのステップであると
する。第一のステップは、経済的に自活できるようになること、二番目が
ホスト社会の文化的習慣になれること（言語、習慣、装い、食べ物、宗教など）、
三番目が新たな社会的ネットワークか、既存の社会的ネットワークにつな
がること、そして最後の四番目が、ホスト社会の政治的団体とのつながり
を持つこととしている。こうしてみると、Massey の「個人の定住」と「社
会的定住」、「経済的定住」という定義と重なっている部分も多いが、より
個人がホスト社会に定住する際の段階が細かく記されている。
　そこで、次節ではインドシナの女性たちの定住がどのように進むか、こ
の Schmidt の定住のプロセスを参照しながら、「妻であること」「母である
こと」が具体的にどのような影響を持つのか考察したい。

―――――――――――――――――― 6.2　定住と「妻」「母」そして「嫁」

　Schmidt は、定住の第一のプロセスを「経済的に自活できるようになる
こと」としていたが、本節ではこの第一のプロセスをさらに「住居を得る
こと」と「仕事が見つかること」、そして「心理的な安定を得ること」の三
点に分けてみたい。なぜなら、「経済的な自活」とはすぐに職業を得るとい

うことだけでなく、経済活動の基盤となる「住居」と「心理的安定」が必要だと思われるからだ。そのため、この三点に焦点を当てて、それぞれに「妻であること」「母であること」が何を意味するのか、細かく見ていく。

6.2.1 「住居を得ること」

まず「住居を得ること」だが、基本的にインドシナ難民の家族としてやってくる女性たちは、住むことに困ることはあり得ない。米国のように、スポンサーがついた移民というカテゴリーは、日本の入管法には存在しない。しかし日本でも、呼び寄せる本人に経済的基盤と住居がなければ、家族を呼ぶことはできない。基本的に呼び寄せとは経済基盤がしっかりした人ができるものだ。そのため、呼び寄せられた女性たちは、即呼び寄せた人のところに住むことができる。筆者が聞き取りを行った女性たち全員が、住居を得ることには問題を抱えていなかったし、また生活相談などを通じて知り合う女性たちでも、住むところに困っているという人はまずいない[1]。「妻であること」とはすなわち、夫と同居することが大前提なのだ。経済活動のもっとも基盤となる住居を得ることに関して、「妻であること」は非常に有利である。

また同時に、夫の居住地に住むということは、そのほとんどの場合、インドシナ難民の集住地区に住むことを意味する。それは関西ならば神戸や大阪、そして関東ならばその大半が神奈川県になる。今回私が調査を実施したのは神奈川県であり、関東では有数のインドシナ難民の集住地区であることは前述の通りだ。そして多くの場合、夫との結婚を紹介した女性たちの親族も、多くの場合は彼女たちの住居のすぐそばに住むことになる。こうしたインドシナ難民の集住地区では、当然彼らのコミュニティ[2]が形成されているが、彼女たちは夫と同居することを通して、コミュニティの中で生活することにもなる。人口が少ないインドシナ難民の住民のコミュニティでは、学校や寺院などでの日常生活がすべて、ベトナムやカンボジアとまったく変わらず生活できる、というわけではない。ただベトナム料理の店やベトナムの雑貨を扱う店、カンボジア雑貨の店も見つけられる

し、ベトナム語やカンボジア語だけの世界で生きていくのは不可能ではない。神奈川県の県営住宅にはベトナム人の世帯が450世帯、カンボジア人の世帯が188世帯在住しており、神奈川県の県営住宅だけで3,000人近くのベトナム人とカンボジア人が在住しているからだ。

6.2.2　仕事を見つける

　「妻であること」は、仕事を見つける際には両義的である。その肯定的な側面は、コミュニティからの仕事に関する情報の提供である。夫と結婚し、同居することはすなわち夫の居住地を通してそれに伴うコミュニティへの帰属をも意味するが、このコミュニティを通じて仕事を紹介されて実際に就業するということは、多々あることだからだ。2008年から2009年にかけての「百年に一度」の不況の際には、多くのインドシナ難民とその家族は失業の憂き目に遭うことになったが、それでもそれ以前は、彼らは「仕事」の多くを友人知人からの紹介で見つけている。特に神奈川県の集住地域は、基本的に工場の多い神奈川県県央地域と重なっており、例えば工場のラインが丸ごと一つベトナム人やカンボジア人で占められ、そこであれば日本語が話せなくてもベトナム人やカンボジア人が職を見つけられる、ということがあったからだ。

　実際私が聞き取りをした女性10人のうち、4人は友人や親戚からの紹介という形で仕事を見つけていた[3]。興味深いのは、このうち2人は現在の夫を紹介された人から仕事も紹介されている点だ。キナは、カンボジアに自分の息子の妻を探しに来ていた姑と、彼女の両親が知り合いだったことから日本にやってきたが、彼女の仕事を見つけたのも姑だった。呼び寄せのネットワークが仕事を探すネットワークと重なっている例もある。また研修生の制度も考えていたというダンは、2人目の子どもを出産後、ハローワークなどで仕事を探したが結局見つからず、ダンのいとこでもあるホンの職場を紹介してもらい、仕事に従事している。

　「妻であること」が、仕事を見つける上で肯定的に働かない場合も多々存在する。「妻であること」は、夫からの理解無しには動けないことでも

あるからだ。

　夫の中には、日本でいうところの3歳児神話のようなものを信じているのか、子どもが小さいうちは働く必要がない、と妻の就業に賛成しない人もいるのだ。パンナもその一人だ。というのも彼女は働きに出たいと考えていたが、夫が、子どもが小さいうちに保育園に預けてまで仕事をすることに反対だというのだ。彼女は聞き取りの中では夫が賛成しないことについては言及しなかった。しかし、私は聞き取りの前後に、夫が子育てにも生活にも非協力的であるといって嘆いていたのを何度も聞かされていた。保育園の入所手続きには、夫の雇用証明書や給与がわかる資料が必要となるが、こうした資料をそろえるのには夫の協力がないと難しい。そしてわざわざ子どもが小さいうちに働く必要がないと思っている夫を説得して、これらの資料を準備して保育園の入所手続きをするのは、非常に困難だと言っていた。そしてもちろん、夫が賛成していないことを夫の母がサポートするということもほとんどない。パンナの義理の母は、彼女が経済的な実権を握ることに腹を立てていて、ほとんど行き来がなくなってしまったという。ちなみに彼女の場合、この夫の母が夫との結婚をアレンジしている。それにも関わらず、仕事や経済的な実権をめぐって、パンナは夫の母との間に亀裂まで抱えることになってしまった。

　夫が賛成しない、というのはキナからも聞いた。彼女は聞き取り時点で仕事をしており、1歳半の子どもは義理の母に預けていた。しかしこれは、彼女の仕事がしたいという思いが強くて、それに不承不承義理の母が応えたという感じだった。それ以前は、彼女も仕事がしたいといっても、夫は子どもが小さいうちは仕事をする必要がないと訴えていたので、仕事が探せない、と言っていたのだ。

　カートの場合は、夫が賛成しないということではないが「嫁である」ことが仕事を見つける上で障害になった。彼女は、「嫁である」ことと同時に母にもなっているのだが、そのどちらも仕事を見つける上で障害となっていた。彼女は来日後、夫の住む団地にやってくることになったのだが、それは彼の年老いた母と一緒に住むことでもあった[4]。彼女は何度も仕事を

したいと考えてきたが、夫の母はすでに80歳近い高齢者ということもあって、彼女の面倒も見なくてはならなかった。彼女は嫁としての責任も来日と同時に課されたことになる。そのため、仕事をするだけでなく、現実には外出さえもままならない状態だった。

「妻になること」が夫の理解を得なくてはならない立場の人であれば、「母になること」は、物理的に子どもの世話をし、自分が世話をしなければ誰か他に世話をする人を見つけなければならない人になることを意味する。そして、聞き取りをした女性を含め、結婚して移動する女性の大半は、来日直後の早い時期に妊娠・出産を迎える。10人中9人は来日後1年以内に出産を迎えている。そして妊娠・出産が仕事を見つけようとする上で、大きな障害になることはいうまでもないだろう。

日本に来た時点ですでに妊娠していたホンも、出産後すぐには、仕事が見つからなかった。冒頭の経験は、彼女が妊娠中に内職の仕事を探したときのものだ。ベトナムの女性もカンボジアの女性も、多くはパート労働やアルバイトといった非正規雇用で働いている。そのため、妊娠中はほとんどの人が自主的に仕事に就かない[5]ので、例えば内職をしようと探し回ったりする。彼女も妊娠中もさんざん内職を探していたようだ。しかし結局内職は見つからず、そのまま出産を迎え、出産後ももちろん、仕事をみつけられなかった。出産後すぐに保育園に申請をしたが、空きがなかったのだ。

夫の母の世話をしなければならなかったカートも、来日後すぐに年子の子どもを出産することになった。彼女はケアの負担を少しでも軽くするために保育園に応募をしたが、すぐには空きがなかった。結局彼女が仕事を見つけられたのは、2人の子どもが申請から半年ほど経って保育園に入れるようになったときだが、来日後すでに5年が経過していた。

聞き取りをした女性たちの中で、最初から子育てに肯定的な語りを見せていたのは、ラサだ。彼女は聞き取りの時点で、小学生の長男と、1歳半ほどの長女の2人の子持ちであり、長男のときは義理の母に子どもを預けて働いていたという。

ラサ：ネット君は、ずっとおばあちゃんべったりなの。保育園に入るまで
　　　　3年くらいずっとおばあちゃんと寝泊りしてた。

　＊：それはママがお仕事してたからかな?

ラサ：そう仕事して、朝も早いし、夜も遅いし、そのところを面倒見ても
　　　　らった。

　＊：でも日本に来てすぐネット君を妊娠したでしょ。

ラサ：日本に来て1ヵ月半で妊娠。

　＊：それじゃ、すぐは仕事できなかった?

ラサ：来て、すぐお義母さんがチーズの工場を紹介してくれた。2、3カ月
　　　　務めて、お腹大きくなったから一端辞めて。お産して6カ月してま
　　　　た働き始めた。

　＊：お母さんが紹介してくれたの。

ラサ：そう、お母さんが紹介してくれた。

　＊：お母さんもそこで働いてたのかな?

ラサ：ちょうど、お母さんはそのとき会社を辞めて家にいたの。

　長男のときにしっかり子育てができなかったので、今は娘の子育てが楽
しい。だから子どもが小さいうちは仕事をしなくてもいいと語っていた。
しかし聞き取りの2カ月ほど後には、夜勤の仕事を見つけて働くようにな
った。現実的には仕事をしたいと考えていたのに、環境が許さなかったの
で、育児に対して肯定的な語りをしたのだろうか、と考えさせられた。
　こうして女性たちの語りを振り返ると、仕事を見つけるという面におい
ては、「妻である」「母である」ということは大きな困難なのだ。もちろん、
それは彼女たちだけが直面する問題ではなく、日本人の女性や他の結婚で
来日した移民女性にとっても同じはずだ。しかし、彼女たちは来日の動機
が家族を助けることであるとき、仕事を見つけられないことは、精神的な
負担にもなりうる。またそれだけでなく、「妻であること」と「嫁であるこ
と」、そして「母であること」はその他にも様々に彼女たちの定住初期に
おいて、大きな精神的負担の要因となる。次節では「母」「妻」「嫁」である

ことが、精神的にどのような負担を引き起こしていくのか、を考察してい
きたい。

6.2.3　「母」「妻」「嫁」であることの心理的困難

　Schmidt (2007) は、定住することの定義の中で、直接心理的な安定に
ついてのことは触れていなかったが、Neuwirth と Eyton (1989) の定義に
は心理的な安定が含まれている。確かに右も左もわからない場所で、日本
語はまったく話せず、夫は朝から仕事に行き、限られた空間である団地の
一室で生活を始めなければならないというのは、心理的に困難なことであ
ろう。

　聞き取りをした女性たちの中で、必ずしも全員が生活やその他の不安を
訴えるわけではなかった。何の問題もない、と言い続ける人もいないわけ
ではなかった。反対に普通のやり取りの中で、話が不安や心配事に移る人
も何人もいた。また、私が生活相談を受ける中で聞いた話の中でも、家族
にまつわる問題を訴える人もいた。

　そこで、以下では聞き取り女性とのインタビューの中で出てきた不安感
や、生活相談の中で女性が訴える問題は、どういうものなのか、「嫁」「妻」
「母」をキーワードに整理していきたい。

①「母として」

　母になること、が心理的な負担になる場合がある。確かに女性にとって、
初めての出産や育児というのは、非常に不安な出来事である。さらにそれ
を、自分がまったく知らない言葉も分からない異国の地で、誰のサポート
もなく出産しなければならない、となれば、その心理的な負担というのは
想像に難くない。「母となった」時の不安を素直に語ってくれたのは、ダン
だ。彼女は最初のお産のときに、夫は手伝ってくれたものの、彼女を日本
に連れてくるきっかけとなった叔母からは何のサポートも得られなかった
と話している。自分が出産したときは叔母も自分の子どもを育てるのに忙
しくて、少しも手伝ってもらえなかった、それが非常に不安だったという。

「母になる」のは、必ずしも自分が妊娠・出産を経験しなくても、起こりうることだ。結婚した夫に連れ子がいる場合だ。この場合、女性たちは日本に来日すると同時に母になってしまう。カートは、結婚した夫に3人の成人した息子がいた。それも彼女が来日したときは、その息子たちは夫と同居していて、彼女はいきなり3人の息子の母、そして夫の母にとっては嫁として日本で生活をスタートさせなければならなかった。これが彼女の心理的な負担になることは、言うまでもないだろう。彼女は、その後別居したものの気を遣い続けている息子たちについて尋ねられると、こう述べている。

　　すごく大変だった。自分の子どものようにかわいがった。だけどね、あの子達の将来も心配で、朝お弁当を作って持たせて、自分に対しては何も思ってくれなかった。心配で子どもの給料とか聞いたら、何も残ってないし、ショックで。子どもと心と心が通じてなくて。私は先のことを心配して、ちゃんと例えば団地とか申し込んだらって言ってみたんだけど、そうすればアパートより安いから。でも自分の考えどおりには行ってくれない。すごく苦労してきて、でも今少しずつ、自分の子どものこととダンナのことだけを考えて過ごすことにした。

　連れ子がいる結婚は彼女に限らない。日本語教室で知り合った女性は、日本に来日後2人の子どもを授かったが、やはり自分の子どもと連れ子の両方の面倒を見なくてはならず、その当時すでに10代後半だった連れ子との関係が難しかったと話していた。
　来日直後で慣れない生活に戸惑う上、自分の子どもの妊娠出産と、さらに気を遣う連れ子の面倒まで見なければならないとなると、それが彼女たちにとって心理的な負担であったことは明らかだ。

② 「嫁として」
　生活相談や日本語教室を通して聞く家族の問題で、「嫁」であることがそ

の原因であることがある。何人かの話から出てくるのが「夫の親族（夫を含めて）からの行動の制限」だ。

　最初に話を聞いたのは、ジンさんだった。彼女は日本語教室に来ていた女性だったが、あるとき何気ない会話の中で、自分の状況を話し始めて涙目になってしまった。彼女は日本に来るのが本意ではなかったらしい。だが親が決めたことだったので、仕方なく日本に来たという。しかしその彼女を待ち受けていたのは、自分の行動を制限しようとする夫の家族たちと、親族と同様の行動をとる夫だった。日本語がすごく上手だった彼女に、もう少し日本語勉強しに来たら、と誘ったところ、自分の状況の話になったのだ。「だんなさんはいい人です。でも主人は私が日本語を勉強するのが嫌いで、近くにいる主人の家族は意地悪です。私に、友人に会うのもダメ、外に出るのもダメ、というんです」と話していた。妻が外の世界と接触しようとするのを制限しようとする夫とその家族の存在があるようだった。彼女は結局、この夫の家族と関係がうまくいかなくなり、離婚を申し立てた。そして、2人いた子どものうち、息子だけを夫側の親族に引き渡して、アメリカ在住のベトナム人と結婚するために渡米したという。

　アンさんも夫とその親族の関係で疲れていた一人だ。彼女の場合も、夫が日本語教室に行くのを嫌がること、そして夫が自分の行動に無関心であることを不満としていた。夫が自分の両親や家族のことばかりを優先させるので、その後、離婚調停をしたいと話したりもした。

　もちろん、先に述べたパンナのケース——夫の母との間に経済的な実権をめぐって関係を壊してしまうような——も女性にとっては心理的に大きな負担になることは間違いない。

　ベトナムでもカンボジアでも「嫁」とは、家族の中でもっとも弱い立場だ。特にベトナムは中国や日本と同じく儒教の教えがある程度共有されている社会で、家族の長は新婚の夫婦にとっては新郎の父であり、家族の中の出来事は新郎の母が決めるのだ。結婚して新婚の妻が同じ家庭に住む場合は、新婚の妻が家庭内での地位が最も低く、夫の母が権力を保持する。結婚後、妻は夫の家族の一員となることを期待され、彼女の夫の家族に対

する敬意とケアを義務付けられる。一昔前までは嫁いびりも存在していた
とされ（河村 2004）、夫の家族とは、妻にとっては義務を課される存在で
あり、彼女に指示を出し管理をする存在なのだ。もちろん、ベトナムにい
れば、彼女が自分の実家と連絡を取ることで、こうした苦痛を緩和するこ
ともできる。しかし日本にいれば、もちろん自分の実家からのサポートは
なくなってしまう。特に夫側の親族からのつてで日本に来日した場合に多
いのだが、夫側の親族はすべて日本におり自分の実家の親族はまったく日
本にいないことがある。こうした場合、「嫁であること」は、自由を束縛さ
れることでもあり、家族のために果たさなければならない義務が増えるこ
とでもある。本来の定住初期は、移住してきたものにとって、自分のこと
で精一杯で、自分の身の回りのことからこつこつと生活になじんでいきた
い時期である。それにも関わらず、「嫁であること」とは、往々にして家族
の義務、それも本人の意思とは関わりのないところでの義務が増大するこ
とにもなるのだ。「嫁であること」が、定住初期段階における移住者の心理
的負担を増大させることは明らかだ。

　反対に夫の家族との良好な関係性というのは、定住初期において心理的
な負担を緩和する重要な役割を果たしうる。たまたま聞き取りの後に、キ
ナと彼女の義理の母と義理の妹と一緒に食事をした経験がある。彼女の義
理の妹は、すでに日本に来て25年近くになり、日本人男性と結婚し、日
本語も流暢だ。何かするにもすぐに相談に乗っているらしい。また義理の
母は日本語は話せないものの、結局彼女に仕事を見つけ、彼女の息子の世
話をして、娘と嫁と一緒に食事をしている。もちろん私がいることで表面
的に和やかにしているという可能性は否定できないものの、キナと義理の
母との話振りを見ると、義務を押し付けあうような嫁姑という雰囲気では
なかった。

　ベトナムやカンボジアの社会の中で、「嫁」が義理を果たさなければなら
ない位置づけにあるとすると、その中でキナのようなケースの姑を見つ
けられるかどうかやどういう家族とつながることができるかということが、
定住の心理的な負担の増減を決める要因になりうると言えるだろう。

③「妻であること」

　結婚とは、大方の人にとって幸せの象徴のようなものだろう。たとえその結婚を選んだもともとの動機が「自分の仕事を見つけたい」とか「家族を助けてあげたい」といった経済的動機があったにしても、それが結婚であり、まして先進国に行くとなると、やはりその結婚に夢見がちになってしまうのは、当然かもしれない。聞き取りをした女性たちの中で、自分が選んだ結婚相手に対する愛情がなかった、とか愛情より経済的な問題だったと述べる人たちがいる一方で、結婚したときは夫を非常に愛していたからこそ日本に来たのに、日本に来たら夫がずいぶん違う状況におかれていたことを知り、夢からいきなり醒めたようだ、という女性もいる。ホンがそうだ。彼女は子どもがいなかったら日本でしてみたかったことはあったのか、と聞かれるとこう答えた。

　　最初は、本当はだんなさんと結婚して、日本に来てから日本語の勉強して、それで専門学校みたいなところに行って、資格とってからちゃんとした仕事に就きたかったんだ。今みたいじゃなくて。ダンナさんはすごく年を取っていて、すごく子どもをほしがってたから自分もちょっと気持ちがね、動いちゃったんだ。まあ、早くても遅くても子どもはできるから、それじゃあってことで、子どもはつくったのね。でもダンナさんが、それは日本に来るまで知らなかったんだけど、ダンナがお金もなくて、本当に何にもなくて、日本語もわかんないし、何にも身についてないってこと、何にも知らなかった。でも子どもを作る前にも、日本の生活って子どもをつくったら大変じゃない、どうなのって聞いたんだけど、でもダンナにちょっと誘惑されて……。

　家族を支えようとして来日した女性たち多くは、妻としての役割を、子どもを産み、家事をするもの、と考えているだろう。その上で自分が働くことで家族を助けられると思っているのだ。ところがホンのケースも含め、妻として夫を経済的に支えなければならないことが、日本に来て初めてわ

かる場合も多い。だからと言って、女性たちが夫を支える役割を果たすとき、夫のサポートを得られるわけではない。こうして女性たちは、自分の家族を支える役割と、さらに夫を支える役割の双方の負担を来日直後から抱え、二つの役割の間で板ばさみになることも多いのだ。

④「離婚した女性」であること

　聞き取りをした女性の中で離婚経験者は2人いたが、離婚するということの社会的な難しさを話してくれた女性がいた。トランだ。これまで見てきた「妻」「母」「嫁」としての心理的負担とは異なるが、「離婚した女性」という社会的制裁がどういう形で現れるのかを示した、非常に興味深い例なので、ここで彼女の語りを引用してみたい。

　　（私に）旦那さんがいないって言うことで、みんなと遊びに行ってもらえないことも多いんだ。旦那さんがいたときは、友達もたくさんいたんだけど、離婚したら少なくなったの。例えば（友だちの）旦那さんが、自分の奥さんもそういう風に（離婚したいと）言うんじゃないかって思うみたいで、私と付き合うのが好きじゃないみたい。逆に奥さんは奥さんの方で、私に旦那さんがいないから、私がうちに来ると、私が友だちの旦那さんを誘惑すると思って、みんな嫌がるんだ。(中略) それで自分と同じような境遇の人としか遊ばなくなったんだ。

　夫と婚姻状態にあれば、「その夫に帰属する」「ひどい夫に虐げられたかわいそうな」女性として友人たちが気に掛けてくれる。しかし実際に離婚するとなると、いわば自由な女性であり、その上、夫からの離婚を勝ち取った強い女性でもあると見られる。こうした女性は、他の女性にとってはすぐに自分の夫を脅かす存在になってしまう、という社会の見方がある。離婚したトランにとっては、離婚をするだけでもかなりのつらさがあったにも関わらず、その後の小さな社会であるベトナム人女性たちからの冷遇も、相当心理的に負担となっていたのだろう。彼女がこの経験をしたのは、

定住後10年近くも経った後のことだが、母子家庭として生活せざるを得なくなった上に、コミュニティからの制裁を経験したことは、彼女の定住に対する意欲を失わせているように思える。多くの女性たちが、将来的にベトナムに帰るかどうかを聞いたところ、「まだわからない」という回答だったのに対し、彼女だけは、子どもが成人するまではがんばるがその後は帰ると断言していた。それほどの心理的な負担を感じているのだと、驚かされた。

　以上のように、女性たちにとって「母であり」「妻であり」「嫁である」ことは、定住初期段階においては困難をもたらす面を多く指摘できる。Schmidtは定住の第二段階にホスト社会の生活習慣に慣れていくことを挙げ、その中で言語の習得について触れていた。実際に聞き取りをした女性たちや、その他相談などで知り合う女性たちも、日本語でのコミュニケーションが難しい人が多い。「妻であり」「母であり」「嫁である」ことは、日本語を学ぶ機会も同様に奪う場合が多い。小さな子どもがいると日本語の勉強はできないし、夫の親族は、仕事と同様、日本語を勉強することも規制しようとすることが多いのだ。

　彼女たちは問題をこのどのように解決していくのか。以下ではそれを考察していくが、その前に「妻である」ことから来る心理的、身体的負担であるドメスティック・バイオレンスについて、定住との関わりについて検討していきたい。

─────── 6.3　定住の障害としてのドメスティック・バイオレンス

　聞き取りをした女性の中にはドメスティック・バイオレンス (DV) の経験者はいなかったが、生活相談や日本語教室の中では複数いた。DVが心理的・身体的負担であることは言うまでもないが、「移民の定住」という側面から見た場合、DVとはどういう意味を持つものだろうか。定住の第一段階である「住居を得ること」「仕事を得ること」に加え、「法的資格」の三点について見ていきたい。

　まず「住居を得ること」だが、もちろんこれは、DVによって脅かされることになるのは明らかだ。同じ住居に住む夫婦の一方からの暴力から逃れようとすれば、そして命の安全を確保しようとすれば、住居から逃げ出すしかないからだ。しかし住居から逃げ出してしまえば、住むところが失われる。住むところが失われるということは、移民の女性にとっては、単純に住むところがなくなる以上のことを意味する。

　Pさんは、私たちの生活相談事業で初めて受けたDVの相談者だった。彼女は2000年に来日してベトナム人男性と結婚、小学校に上がったばかりの女の子との3人暮らしだった。夫は長年失業中だったが、妻のPさんがパートで仕事をしているのをいいことに、特に就職活動をしないできた。そんなある日、夫の浮気がわかり問い詰めたところ、逆上した夫が殴る蹴るの暴行を働いた。自宅の外に逃げ出したPさんを追いかけてきて、屋外でも暴力に及んだという。見かねた自治会の役員の方が警察を呼んで、ようやく暴力が収まったが、それでも彼は一晩中Pさんのことをののしったという。

　子どもの前での暴力でもあり、私たちは区の婦人相談員の方をお招きして、シェルターへ脱出するという方法もあることを話し、とりあえず身の安全を確保するように説得した。それでも、彼女は決して首を縦には振らなかった。後ろ髪を引かれる思いで送り帰したが、その後相談には来なかった。しかし、ちょうど最初の相談から1年経ったときに再び、暴力沙汰が起きたという。このときは、さすがのPさんも離婚を決意して、友人宅に身を寄せた。

　しかし、Pさんは結局、離婚調停は考えるとしたものの、シェルターへ逃げて身の安全を確保するという方法は、決して採ろうとしなかった。彼女は自分がまったく責められるべきではないのに家を出るのは納得がいかないと言って、シェルターへの避難を良しとしなかった。ただよくよく聞いてみると、シェルターに入るための条件として、娘の学校を変えなければならないということと、友人と連絡を取ることができない、という二点がどうしても受け入れがたかったようだ。

確かに彼女は住まいの近くで仕事をしていたし、娘の行っている学校は、ベトナム人も多く在籍し、彼女たちのような家族に慣れている。お知らせにはベトナム語の翻訳が付く場合もあるし、個人面談には通訳が入る。それに彼女の友人たちはみんなこの団地に住んでいるのだ。この団地に住んでいる限り、必要最低限の日本語以外は使うこともなく、ベトナム語で生活ができる。彼女がもしシェルターに入れば、失うのは住居だけではない。現在の仕事やベトナム人コミュニティが彼女に提供する資源まで一緒に失うことになるのだ。もちろんそれでも命の安全と引き換えに、この資源を捨てるということも可能であろう。ただ、ほとんど日本語の話せないＰさんが、この地域以外で同じだけの職に就けるかといえば難しいし、彼女の娘が今通う小学校と同じ程度の質のサポートを受けられるかといったらまったく受けられない。とすれば、彼女はたとえ夫の暴力から逃れられたとしても、たちまち生活に困ることになる。そして彼女は、もしかすると暴力をやめるかもしれない夫の元へ帰るという判断をしたのだった。彼女は移民コミュニティを捨てることはできなかったのだ。

　また、彼女の在留資格も問題だった。彼女は来日後すでに７年近くが経っていたにも関わらず定住者だった。「定住者」とは確かに他の在留資格と比較すれば、日本に在留する上で非常に安定している資格であることは間違いない。しかし「永住者」と異なり、定住者の場合は３年ごとに[6]在留資格を更新しなければならない。その際に定住の理由を問われることになるが、結婚で来日している以上、夫の配偶者であることが定住し続けることの理由になる。とすれば、離婚してしまえばこの根拠がなくなってしまうのだ。ベトナムの女性たちに限らず、ＤＶの被害に遭う女性たちが、離婚に踏み切れないのは、在留更新ができないことをおそれているのだ。彼女のように来日後の年数が長く、まして日本で生まれ育った子どもがいる場合、多くの女性たちは自分の法的身分の安定性を考えて、永住申請を行う。だが永住申請には様々な書類が必要になり、ここでも基本的には夫の協力が必要になる場合もある。また、もちろん夫の経済的な安定度が永住許可を左右する。その結果、長期的に滞在して本人がまじめに働いて

も、永住を申請しない場合もある。そして彼女はまさにこのケースだった。彼女は離婚をすると、移民コミュニティだけでなく、在留資格も危うくしてしまうのだ。Ｐさん本人はまったく在留資格についての不安を語らなかったが、資格喪失の恐れは、シェルターへの脱出とその後引き続く離婚を踏みとどまらせる十分な要因になるだろう。

　実際、DV からの脱出が日本での定住断念になったケースもある。Ｈさんと出会ったのは来日後４年程度の時期だった。彼女は私がフィールド調査を行っているこの団地周辺に住んでいたわけではなかった。彼女は障害のある夫と結婚、２歳半になる男の子がいた。夫は障害があるために仕事を見つけるのは難しくほとんど家にいたという。その代わり彼女が来日後働いていたのだが、彼女が妊娠・出産を機に働きにいけなくなると、２人で家の中にいることになり、自分の思うようにならなかったときに夫が暴力を振るうようになったようだ。夫が刃物を持ち出したときに命の危険を感じた彼女は、地元の役所に逃げ込んで、そこからシェルターに入っていた。彼女はほとんど日本語を話すことができず、またシェルターのスタッフはベトナム語を話すことができなかったので、困ったシェルターのスタッフが私たちの団体に連絡し、日本語教室に参加するようになったのだ。

　彼女はシェルターに来るということで、夫の暴力から一時的に避難することができた。しかしシェルターに来ると、もう一度、一から定住をやり直すようなものだ。一時しのぎ的な住居は確保できるものの、シェルターとはずっと住んでいていい場所ではなく、次の住まいを自分で探さなくてはならない。なおかつ、夫の暴力からずっと身を守るためには、次の住まいだけでなく、夫に居所を把握させないようにして離婚をし、その後子どもを預ける場所を確保し、その上で仕事を探さなければならない。

　そして、彼女の問題はそこにあった。在留資格が定住者だったのだ。もちろん彼女はＰさんと比較すると来日年数も短く、子どもも小さかったから、現実的には永住を申請することは難しかった。だから定住者であることは仕方のないことだったのだが、やはり離婚をするということならば、彼女は在留根拠を失う。そして彼女の在留期限の更新は、言葉のわからな

い異国の地でDVから逃げ出すという、ただでさえ心理的にも身体的にも難しい時期と同時にやってきたのだ。夫との離婚がわかれば、定住者である彼女の在留期限は更新されない可能性が高かった。彼女はシェルターのスタッフを通して弁護士などにも話を聞くことができたようだが、結局日本に残ることはできずにベトナムに帰ることになってしまった。

　彼女の場合は最初のPさんとは違って、シェルターに逃げてくることはできた。しかし夫の暴力から逃げることが、結果として日本に定住し続けることそのものを失わせてしまうことになった。

　インドシナ難民の家族の女性にとって夫からの暴力とは、定住する上で必要な資源を提供してくれる移民コミュニティとの断絶であり、同時に人によっては日本での在留そのものを脅かす存在だ。私が接してきたDVの被害者はそれほど多くないものの、聞き取りをした女性たちの中でも、前述のように夫の家族から自分の行動が制限されているという人は少なくない。それは身体的な暴力には至っていないものの、DVの一歩手前とも言いうる状態だ[7]。DVとはもちろんすべての女性にとって身体的な安全を脅かすものであるが、移民の女性たちにとっては、日本に定住していくための社会的法的資源の双方を失わせてしまうような大きな障害なのである。

6.4　問題解決における親族ネットワークとトランスナショナル・ネットワーク

　これまで、女性たちにとって「母であり」「妻であり」「嫁である」ことは、DVを初めとして定住において様々な困難をもたらすことを述べてきた。彼女たちはこの問題をどのように解決していくのだろうか。

　インドシナ難民の家族としてやってくる女性たちが、問題解決に利用できる資源には、いくつか考えられる選択肢があるだろう。特にもともと親族からの紹介など、親族のネットワークを通して移民している彼女たちにとって、もっとも気軽に利用できる資源とは、日本にある親族のネットワークだろう。これはベトナム人の家族観だが、ベトナム人にとって親族と

は、基本的に経済的なセーフティネットと考えられており、家族の福祉や存続が個人の関心事より重要とされている。個々の家族の生活は親族の活動の度に規定され、また、個人的な問題を抱えたときに、助けを求めたり相談を持ちかけたりするのは家族だと考えられている。そのため家族のほかのメンバーが何らかの決断するときには、それを見守る必要があると考えられている (Vietnam Coutry Studies 2001)。こうした家族観に基づいた親族ネットワークは、例えばカナダにおけるベトナム難民の定住についての研究を行った Pfiefer (1999) によれば、「いかなる状況でも頼ることのできる制度」として提示されているし、また、同じく米国でのベトナム人女性の定住研究を行った Bastida (2001) の調査の中でも親族ネットワークが問題解決の資源となっていることが指摘されている。

　実際、先の「仕事を得る」というところで見たように、日本のインドシナ難民の女性たちに対しても、彼女たちを引っ張ってきた移民ネットワークを含む移民コミュニティは、彼女たちに生活上の情報を提供していることは間違いない。ダンにしろ、ホンにしろ、キナにしろ、みんな自分の仕事は友人あるいは親族に紹介してもらっているのだ。また、母国語で会話できる機会や、年に何度か集まってカラオケパーティーをしたり、月に一度くらい同国出身の友だちと連れ立って買い物したりすることもあるだろう。

　だが、女性たちが抱える「母であること」「嫁であること」の困難は親族ネットワークの中では解決しない。「母であること」についてはある程度は解決が可能だ。キナが仕事をし始めたのは、義理の母に子どもを預けることができたからであり、また聞き取りの女性以外にも近所のおばさん（ほとんどが自分と同国の出身者）に子どもを預けて働きに行っている女性がいることは、よく耳にする話である。ただし、こうした相互扶助による育児のサポートは、あくまで個人の善意とその個人の都合や健康状態に左右される。継続的なものではないし、不測の事態が起これば、いつでも子どもの保育に欠けることになってしまう。

　実際、聞き取りを行った女性たち10人の中で、未就学の子どもを抱えていた人が6人、そのうち親族に子どもを預けているという人は、キナた

った1人しかいない。呼び寄せてくれた親族が自分の親族であったとしても、例えば呼び寄せてくれた親族がまだ自分の子どもを育てているとか、あるいは働いているとか、物理的に子育てのサポートができないということは十分にありうる。前述のダンの事例はまさにその例であると言えるだろう。叔母が夫を紹介してくれたが、彼女の最初の出産の時には、叔母も障害のある自分の子どもの世話で手一杯で、ダンの世話までできる状態ではなかったために、彼女が出産後精神的に非常に不安定だった。

　また「嫁であること」の困難はもっと解決しない。特に夫方の親族ネットワークによって移民が行われた場合、親族ネットワークとは、「いかなる状況でも頼ることのできる制度である前に、義務を課される存在となるからである。

　それでは女性たちは「母であること」の困難を何によって解決するのだろうか。ここで往々にして利用されるのは「トランスナショナル・ネットワーク」だ。近年の移民理論において、移民は送り出し国と受け入れ国とに分断された存在ではなく、「自分たちの出身社会と定住社会をつなぐような多面的な社会関係を保持」(Basch et al. 1994: 6) した存在と考えるような考え方が現れたが、インドシナ難民の家族の女性たちもこうした存在だと考えられる。女性たちは、子育てをする上で、自分の身近（つまり日本）にある親族ネットワークを利用できない場合、彼女たちは本国の両親たちのもとへ子どもを送り返して育ててもらう。それは1年から長くても3年程度だろうか。その間女性たちは仕事を見つけ、フルタイムで働くことによって、送金を確保する。そして仕事が確保できれば、ようやく保育園に応募することができるようになる。こうしてトランスナショナル・ネットワークから日本国内の公的サポートへ、女性たちが資源を得る先が移行することになる。日本にある親族ネットワークが物理的に問題を解決してくれない場合、彼女たちが頼るのは、どんな問題でも相談できる本国に在住する親族になる。

　聞き取りをした女性たちの中で、自分が直面したケアの負担を、本国に送り返すことで乗り越えた経験がある女性は3人いた。ホンは出産後仕事を

見つけたかったので、子どもを 1 歳になる前にベトナムに返し、1 歳半になって保育園が見つかったことから引き取ることにした。また、日本人男性と結婚し、離婚することになったランは、やはり子連れでは仕事ができないということで、子どもをしばらくベトナムに返したという。子どもは返さなかったものの、義理の母を最後にカンボジアに返したのは、カートだった。2 人の未就学児を抱えて仕事もしなければならなかったカートは、病気で世話が必要だった夫の母をカンボジアに送り返すという決断をした。

　　　＊：最後はカンボジアにつれて帰ったんだっけ？
　　カート：そうね、連れて行って 1 年間かな。調子悪いって言うので、家族
　　　　　　全員でカンボジアに行って。
　　　＊：じゃあ最後だけはダンナさんの家族が見たのかな？
　　カート：お母さん、ちょうど 4 月だったから、お母さんのお布施とか汚
　　　　　　れを落とす荒い流しとか、みんなやってあげて。全員で行った。
　　　　　　300 万かかった。あの頃お父さんはまだボーナスとかあったから。

　もしかすると、彼女の義母が死ぬ前にカンボジアに帰りたいと希望したのかもしれないが、結局彼女は、大変な負担であった義母の世話を本国に送り返すことで、彼女の負担を少しばかり軽減できたのだ。

―――――――――――――――――――――――――――――――――――　むすび

　女性たちは、結婚を目的として移民する以上、基本的に受け入れ社会において「妻」となり「母」となり、「嫁」となることは避けられないことだ。しかし「妻」や「母」であることは、法的に安定した地位を保証する代わりに、定住初期の、経済的に自活する過程において、定住を促進するものというよりは阻むものとなる。それは物理的に身動きがとれずに仕事が得られない、ということと同時に、「母」となることや「嫁」となることにまつわる親族内のジェンダー意識によって阻まれる場合もある。そして実際彼

女たちが定住過程で困難に直面した場合、もっとも身近に資源を提供しうる親族ネットワークは、実はさほど問題解決に関しては機能しない。もちろん親族ネットワークを含む移民コミュニティ内において、女性たちは仕事を紹介されたり、母国語で話したりすることによって心理的な安定感を得る場合もある。しかし親族のネットワークも移民コミュニティも、子育てやケアなど物理的な労働力を要することに対しては、必ずしも十分なサポートは提供できない場合の方が多い。

　女性たちが問題解決に使うのは、受け入れ社会にはない親族のネットワーク、つまりトランスナショナル・ネットワークである。彼女たちは、受入れ国だけでなく、自分の出身社会も巻き込んで、問題解決にあたり、定住過程における困難を乗り切っていくのである。

注

1　これはもちろん、結婚がうまくいっている場合に限る。後述するが、女性がDVにあっている場合、逃げ出そうにも住居がない、ということが問題になることは言うまでもない。それは外国人に特有ということではないが、来日の初期段階でDVに遭えば、住居がなくなるということは、経済的な自活だけではなく、法律的に日本に住み続けることの根拠を失うことでもある。詳細は6.3を参照のこと。

2　コミュニティとは、Westar辞典によれば共通の利害をもつ人たちがある特定の地域に住むこと、とされている。移民コミュニティの場合は、同じ出身社会の移民たちが、自分たちの利害をもちある特定の場所に集住する、ということになる。そのコミュニティ内では、同じ民族的バックグラウンドを持つ人同士のための、情報が提供されたり、宗教儀式が行われたりすることを通じて、「つながり感」が提供される。Putnamの言うところの相互扶助に対する規範がそこから生まれる。本書の場合は、特に相互扶助のあり方を問題にするわけではなく、同じベトナム人／カンボジア人が集住し、小さな社会が形成され、ベトナム語やカンボジア語で生活が可能になる反面、お互いがお

互いに規範を押し付けあう機能がある空間、という意味で「コミュニティ」という言葉を使う。

3　仕事のあるないは、インタビューを行った当時の有無である。仕事をしていなかった6人のうち、2人はその後仕事を見つけている。

4　ちなみに彼の年老いた母親だけでなく、彼のすでに成人した息子とも同居だった

5　もちろん、採用する側にとっても妊娠期の女性をわざわざ採用しようとは思わないということもあるだろう。

6　また経済的な状況が不安定であると入管に判断されれば3年を希望していても1年になることもある。

7　女性の夫の中には、彼女と結婚する前の妻と別れた理由がDVだったという人もいる。

第7章
「母であること」「妻であること」の希望
──結婚、家族、ジェンダー役割と定住──

　前章では、日本に来て定住するにあたり、女性たちが結婚移民の必然的な結果でもある「妻であり」「母であり」「嫁である」ことが、様々な形で負担になる現状を提示してきた。しかし、彼女たちにとって「母であること」「妻であること」は決して否定的な意味合いだけを持つわけではない。それは同時に、彼女たちのよりどころとなる場合もあるのだ。

　本章では、彼女たちが日本での生活をしていく上で、「母であること」「妻であること」をどのように語るのか、彼女たちの言葉を記述することで、彼女たちの定住過程における「母」や「妻」の役割を考察していきたいと思う。

─────────── 7.1　ホンにとっての「母」「妻」「娘」

　ホンは、今回の聞き取りをした女性の中で最年少だった。大学を出る前に夫と知り合い、大学を卒業する前に来日した。来日した時点でまだ20歳そこそこの女性だった。彼女と知り合ったのは、生活相談の仕事を通してだった。前述のように、日本に在住するベトナム人男性が、本国の女性と結婚する場合、一度本国へ帰国し、紹介された女性と会う。もちろん、結婚式をしたり、結婚の手続きをするため役所へ届けを出したりなど様々なことをするのだが、来日前に妊娠してしまったという。そのため、日本に来た直後にすでに妊娠しているという状態だった。

　彼女は、聞き取りをした女性の中で数少ない大学まで進学した女性だ。彼女が語る彼女の動機は、第3章でも触れたが、ベトナムには「働く機会」が少ないこと、彼女と同世代の若い子たちは、「日本の若い子たちが海外

に行きたいと思うのと同じように」海外に行ってみたいと思っていて、彼
女もそうした1人だったこと、そして少しでも「家族を助けたい」という
ことだった。そんな彼女にとって、結婚が日本に来る手段であったことは
間違いないが、それを第一の希望と考えているわけではなかった。

　　ホン：大学行きたい。働きたい。でも大学終わったらね、自分で働く、結
　　　　　婚しないほうがいいね。
　　　＊：結婚するより働くほうがいい？
　　ホン：結婚しないで、働くほうがいいね。ほとんどの人は、自分の大学を
　　　　　卒業して、自分でとった資格で、仕事に就きたいと思ってる。もち
　　　　　ろんね、海外で仕事ができれば、それは全然お得って気分なんだけど、
　　　　　学生の子ってみんな海外に行ってみたいって思うじゃん。そういう
　　　　　気分だと思うの。でも自分は、自分がつけた資格で、勤めた企業の
　　　　　方で、その企業で海外で働くチャンスがあったら、自分のやりたい
　　　　　と思った技術で海外で働くほうがよかった。今みたいに結婚で海外
　　　　　に行っても、今みたいな仕事（注：彼女は現在弁当工場の夜勤をしてい
　　　　　る）しかできないじゃん。
　　　＊：そうか、本人の希望じゃないんだよね。前話したけど、環境系の仕
　　　　　事がしたかったんだよね？
　　ホン：でも、それは機会がなかったからいい。

　　聞き取りの前に彼女と話をしたときに、彼女は自分が環境系の専門に進
んでいたということを話してくれていた。そこで、自分が環境問題に取り
組むような企業に就職したいと思っていた、ということも話してくれてい
たのだ。ただ、そのときもやはり「ベトナムにはそういう企業があんまりな
かったから」と、自分の専攻が必ずしもベトナムの企業での採用に直結し
ていなかったことには触れていた。そんな彼女にとって、「海外に行く」と
いうことは、自分の技術や資格など、自分の力で専門的な仕事で仕事をす
る、ということを当初は意味していた。それは彼女の語りに出てくるよう

に、例えば、日本やアメリカとつながりのあるような企業に就職して、その企業から海外に派遣されて仕事ができればいいということだったようだ。

　夫と知り合って、「結婚」で日本に行くということが決まった時点でも、彼女の日本行きの最大の目的は、自分の資質を向上させることだと思っていたようだ。仮定の話、として彼女の当初の希望を聞いたときに、彼女はこう応えてくれた。

　　＊：結果的に日本に来て赤ちゃんできちゃったからだけど、赤ちゃんが
　　　　できなかったらこんなことがしてみたかったとかっていうのはある
　　　　の？
　　ホン：最初は、本当はだんなさんと結婚して、日本に来てから日本語の勉
　　　　強して、それで専門学校みたいなところに行って、資格とってから
　　　　ちゃんとした仕事に就きたかったんだ。今みたいじゃなくて。でも
　　　　ダンナさんはすごく年を取っていて、すごく子どもをほしがってた
　　　　から自分もちょっと気持ちがね、動いちゃったんだ。まあ、早くて
　　　　も遅くても子どもはできるから、それじゃあってことで、子どもは
　　　　つくったのね。でもダンナさんが、それは日本に来るまで知らなか
　　　　ったんだけど、ダンナさんがお金もなくて、本当に何にもなくて、
　　　　日本語もわかんないし、何にも身についてないってこと、何にも知
　　　　らなかった。でも子どもを作る前にも、日本の生活って子どもをつ
　　　　くったら大変じゃない、どうなのって聞いたんだけど、でもダンナ
　　　　にちょっと誘惑されて……。でもね、自分はそういうことできなか
　　　　ったけど、今でもダンナさんと子どもがいても、勉強は好きなんだ。
　　　　自分がそういう学校に行ける機会がなかったから子どもに託そうか
　　　　なって。

　彼女は日本行きを決意したときも、非常に堅実に、自分のキャリアを伸ばしたいと考えていたことがうかがえる。しかし、この語りにもあるように、彼女は日本に来て初めて、夫がほとんど日本語でのコミュニケーショ

ンができないこと、夫が失業中であること、夫には貯金がないどころか借金があったことなど、夫が決して日本で成功しているわけではないことを知るのだ。彼女にとって、その失望はかなり大きかったと考えられる。その上、彼女は来日早々に妊娠が判明する。その妊娠も、決して本人の希望ではなかったことが、この語りから読み取ることができるだろう。彼女は冷静に、いきなり異国の地で妊娠することの大変さを、夫にきちんと確認までしているのだ。にも関わらず妊娠してしまった。もちろん、妊娠の結果、彼女は思うように仕事を見つけることもできなかったし、日本語の勉強もできなかった。これが定住の「経済的な自活」を阻んでいたことは、前章で述べてきたとおりだ。また、彼女は出産後も、本人が望んでいたような専門学校にも行けないし、資格を取ることもできなかった。しかし夫がまともに仕事をしない以上、彼女はどんな仕事でも見つけなくてはならない。彼女が何度か「今みたいじゃなくて」と述べていたが、大学まで進学した彼女が、結果として弁当工場の夜勤という単純作業に就かざるを得なくなってしまった。本人がもともと描いていた日本での生活と、現状の大きなギャップは、彼女の「今みたいじゃなくて」という言葉に表れていると言えるだろう。特に彼女を失望させるのは、子どもまでできているのに、仕事をきちんと探そうとしない夫の態度だったようだ。私がお金をたくさん持っているだんなさんだったら良かったのにね、と聞くと、このように応えてくれた。

　　＊：ダンナさんがお金持ちだったら良かったのにね。
　ホン：そうだね（笑）でも別にお金持ちじゃなくてもいいんだ。2人で働い
　　　　て、それで生活ができればそれでいいんだけど、ダンナさんがちゃ
　　　　んと考えてくれないから。だんなさんがだめだから……。

　彼女にとって、日本の当初の生活は、自分のキャリアどころか、家族を少し助けてあげたいという気持ちすら満たすことのできないものだった。そしてそうした現状が、夫の家庭運営能力の欠如に依っていることに対し

て、大きな失望感を感じているのだ。さらに夫が仕事を見つけない状態が
続いた結果、彼女はまだ1歳にならない子どもを、ベトナムの両親のとこ
ろへ預けるという決断をする。そして、親に面倒を見てもらいながら、こ
ちらで仕送りをするのだ。

　　　＊：バン君をベトナムに返そうとおもったのは、やっぱり仕事しないと
　　　　　大変だからって思ったから？
　ホン：生活のことを考えるのが一番大事で、ダンナさんにも仕事がなかっ
　　　　たから。そのまま自分で育てても、ミルクとか洋服とかいろいろお
　　　　金かかるし、保育園とかも入れなかったから、そのまま自分で育て
　　　　てても借金が増えるだけだから……。
　　　＊：寂しかったね。バン君生まれたときうれしかったでしょ。どう思っ
　　　　　た？
　ホン：かわいいし、うれしかった。
　　　＊：でも返さなきゃいけなかったんだ。(中略) 保育園決まるといいね。
　ホン：毎日電話してる。いたずらするね。最初ベトナムに送ったときは、
　　　　病気ですごくやせ細ったんだって。だから本当に火の上にいるよう
　　　　な気持ちだった。迎えにいこうかなとも思った。でも、おばさんが
　　　　そのときベトナムに帰ってて、1週間くらいしたら治ってきた。す
　　　　ごく迷ったんだけど、そのままがんばって置いてきたんだ。つらいよ。
　　　＊：バン君が生まれたこと以外で、日本で一番楽しかったことは何かあ
　　　　　る？
　ホン：ない。

　とにかく彼女にとって日本で「生活する」ことが一番だった。普通に生
活するだけでなく、夫が仕事をしない分、そして借金の分を必死で返さな
ければならない。彼女の日本での結婚は、ほとんど苦難の道のりだったと
いえよう。いろいろと期待するものがあったにも関わらず、そのほとんど
が適わなかった彼女にとって、日本に来てからの生活というのは、子ども

が生まれたこと以外に「楽しいことがない」とまで言わせてしまうようなものだったのだ。

　そんな彼女が、日本にいることの意味を語っていることがある。本国の家族への送金のことだ。

　　＊：そうだよね。やっぱり海外で働いたら、家族を楽させてあげたいなっては思うんだよね。

　ホン：うん、それは、まあ当然かな。ベトナムのお金って安いし、生活水準も高いし、向こうにいる家族が困ってたら、助けてあげたいっていうのはみんな思ってることだよ。

　　＊：今もお姉さんとかお兄さんとか、結婚しちゃったお兄さんやお姉さんっていうのは家族を手伝ってあげるものなの？

　ホン：ベトナムの給料ってすごい安いから。お兄ちゃんおねえちゃんは、結婚して家族がいるからね。

　　＊：支えられないってことだよね。だから、海外に行って助けてあげたいなって思ったの。

　ホン：おねえちゃんとかだと、ちょっとしか手伝えないんだよね。ベトナム給料安いから。お父さんとかお母さんとかに洋服を何枚か買ってあげたり、下の妹たちに本を買うお金をあげるくらいなんだ。でも私の場合は、日本にいると、１万２万円送るだけで、全部それが賄えちゃう。教科書から洋服から日々の生活用品から、あと、食事代とかも全部賄えるのね。ベトナムにいたら、そういうこと可能性はひくいんだよね。

　彼女には自分の上にも３人ほど兄弟がいた。でもその兄弟たちは結婚して自分の家族を養うことに精一杯で、両親の生活を支えるだけのことはできないといっている。それに対して、自分は日本にいるから、彼女のお給料のうちのほんの少しをベトナムに送るだけで、家族の生活がすべて賄えると言っている。このとき彼女の仕送り額は３万円と言っていた。３万円を送る

ことで、彼女は家族の生活を支えている。そのうえ、彼女は自分で働くことによって、自分の日本での生活も立て直している。そうした現状は、もちろん大変な困難であることに違いないが、同時に彼女に自分の問題を自分が働くことによって解決していく、という自信を与えているようだ。

＊：日本に来て一番大変だったのは、おなかが大きくなっちゃったこと？

ホン：いちばん最初に日本に来たときの一番最初の１年間が一番困ったかな。お金もないし、それに借金とかもあったから、自分も働けなかったし、日本語もわからなかったから。でも今は生活も楽になってきて、子どもは向こうで親が見てくれて働けるようになったし、借金とかも徐々に返せるようになったから、まあ生活としても、そういう部分をちょっとずつ乗り越えてきてるから、今後のことを考えても乗り越えられるかなって。

　彼女は自分の子どもを本国に返すことで、自分が日本に来る目的の一つである「家族を助けたい」という希望をかなえたのだ。それは彼女にとって日本での生活を続けていく上での大きなよりどころとなっている。そしてそれが今後の問題も乗り越えられるかもしれないという自信につながっているのだ。

　ただし、彼女にとって家族に送金するという行為は、彼女にとっての自信であることと同時に、複雑な感情を引き起こすものでもあるようだ。つまり、自分の生活がつらいにも関わらず、ベトナムの親のことも常に考えなくてはならない、「いい娘」としての自分の役割の重さだ。

ホン：仕事とかしに行っていても、疲れててもベトナムに電話すると、お母さんが困ってるっていうんだよね。そうすると疲れてても仕事がんばらなくちゃって思うんだよね。上のお姉ちゃんが自分と住んでてよくわかってくれてるんだけど、で、家族のためとはいえ、ちょっとは自分のために、したほうがいいって、あんまり働かないでち

ょっと休みなよとか言ってくれる。でもお姉ちゃんには家族がいる
し、自分は海外にいるから、どんなにお姉ちゃんよりも貧しくて
も、仕送りとかしなくちゃいけないし、面倒見なくちゃいけないんだ。
それは暗黙の了解みたいなもので、お姉ちゃんは本当は、だんなさ
んの稼ぎがよくって、お金持ってるんだよね。でもそれでもお姉ち
ゃんが家族を養うんじゃなくて、私が養わなくちゃいけないの。(中
略)

　＊：お父さんは何してるの？

ホン：うちは海に近いでしょ。だからお父さん、魚を採ってた。お母さん
　　　全部売る。

　＊：それ、お母さんの仕事じゃない。

ホン：そお？

　＊：お父さん何歳？

ホン：56歳。今ね〜。ベトナムの海よくない。だからお魚少ないね。

　＊：そうか、毎月いくらくらいもらえる？

ホン：毎月3万くらいね。でも毎月同じじゃない。たまには2万のときが
　　　あるし、1万のときもある。ベトナム人はあのくらいの年になっち
　　　ゃうと、みんな仕事がなくなっちゃうの。だから子どもが養うしか
　　　ないんだ。

　＊：年金とかないんだよね。

ホン：ない。

　＊：だから、日本で生活するしかないのか。

　そしてもう一つ、彼女が日本にいることの意味を語ったところがあった。
子どもが生まれたこと以外に「楽しいことがない」とまで言わせてしまう
ような、日本での大変さがありながら、彼女は子どもの将来のことも考え
て、自分はずっと日本にいるだろうと語っているのだ。

　＊：日本にずっといたい？

ホン：子どものことを考えると、ベトナムの制度って海外にいっている人
　　　にはすごく厳しいのね。政治とかもそうだけど、そういう人には厳
　　　しいから、バン君こっちで生まれたし、こっちで生活するとしたら
　　　ベトナムには帰れないと思う。ベトナムで生活できないじゃん、自
　　　分はベトナムに住んでいたから、向こうの制度のこともよく知って
　　　るんだけど、向こうに自分の子どもを返すことを考えると、それは
　　　子供のためにならないし、生活していけないと思う。

　彼女にとって、日本での定住生活は決してたやすいものではなかった。
夫は失業中、自分は妊娠する、そして子どもはベトナムに送らなければな
らない。彼女は日本に来て自分も勉強しながらゆっくり定住していきたい
と語っていた夢も、大きく違う方向にぶれてしまった。実際に自分がして
いる仕事は、大学卒ではなくても就けるような単純労働に過ぎない。しか
し、彼女にとってそれでも自分が働き始め、夫の借金を少しずつ返せるよ
うになって来たことが、その他の日本での困難でも乗り越えられるという
ような期待になって現れている。そして、働いて自分がベトナムにいる両
親たちに送金できることによって、自分に自信をつけているように見えた。
たとえ仕事で疲れていても、遠く離れたベトナムの母の、精神的にも経済
的にも支えになっていることが、また明日への力につながっている。いい
「娘」であること、それも本当ならば近くにいる兄弟も支えられないはず
ではないのに、海外にいる自分が支えているという事実が、彼女にとって
は大きな支えになっていると言えるだろう。
　また、母になったことも、彼女にとっては大きな支えだ。実際には、聞
き取り当時は息子はベトナムにいて、彼女は息子と彼を面倒見る家族を金
銭的に支えることで「母」としての役割を果たそうとしていた。彼女にと
っては「火で焼かれる」ような辛さだったのだ。だがその辛さと引き換え
に、彼女は仕事を手にいれて、息子と家族を支え、またそのことによって
彼女自身の自信もつけた。そしてそんな息子を育てていることは、日本に
長く住んでいく上でのよりどころにもなっているのだ。彼女は自分が果た

せなかった資格や技術を身につけて、自立した人間になりたい、という夢を彼女の息子に託そうとし、子どもの将来を考えて自分も日本に残るという未来を描いているのだ。とすれば、結果として彼女は仕事を得た上で「よい母」であることと「よい娘」であることが、彼女の日本での生活を支える、大きな柱となっていると言えるだろう。

7.2　ジュンにとっての「母」「妻」「娘」

　ジュンは、今回聞き取りをした女性の中で、一番年上の女性だった。また、来日がもっとも早い女性でもあった。今年（インタビュー当時、2009年前後）で来日後13年になるという。唯一通訳なしで聞き取りができた女性であり、その意味では非常に日本社会に上手に定住しているといえよう。そして唯一その動機の中で経済的動機を語らなかった女性である。彼女の動機は結婚が遅いということだったのだ。

　そんな彼女とは、日本語教室を通して知り合った。聞き取り調査をさせてもらう数年前に日本語教室で一緒に日本語を勉強したことがあった。ただ、多くのベトナム人女性と同様に、仕事が忙しくなってしまえば日本語教室に来ることはなくなってしまう。それ以来彼女とはずっと会わずにいたのだ。そんな彼女と再び出会ったのは、彼女がPTAの会長になったと言っていた時だった。

　彼女は一つ大変興味深いことを語っていた。ベトナムでの結婚のあり方についてだ。彼女はベトナムで一番難しい中学高校の一貫校に入り、大学へも進学し、卒業後は結婚まで小学校の教師をしていたという人だ。いわばベトナム社会のエリートキャリアウーマンだ。その彼女にしてみれば、Thai (2008) が言うように、彼女と結婚できる人が周りにはほとんどいなかったというのだ。私が日本以外の国に行こうと思わなかったかたずねたときに、次のように答えた。そんな語りに現れている。

　　＊：他にアメリカとかオーストラリアとかに行ってみたいとは思わな

かった？　他の国に行きたいとは考えなかった？

ジュン：私、考えてないことです。それは結婚の人だけ。どんな国でもいい。
　　　　でもベトナム人でもいい。そのときは結婚したい。でもそのとき
　　　　ベトナムで、ほとんど男の人は30歳以上は結婚してた。ほとん
　　　　ど独身の人がいない。そのとき、外国には、みんな結婚できない
　　　　人が多いから、30歳以上の人も結婚してない人も多い。だから外
　　　　国行きたいっていうんじゃない。私の場合は。

　＊：外国に行きたいっていうんじゃないんだよね。ベトナムではほと
　　　んど年上の人と結婚するものなの？

ジュン：ベトナムではほとんど年上の人と結婚します。ちょっと年下の人
　　　　とは結婚しない。

　＊：男の人が年上で女の人が年下なんだよね。なるほどね。それと男
　　　の人の方が頭がいい人じゃないとダメなんだよね。ジュンさんは
　　　先生でしょ、頭もいいでしょ。大学も出てるし、学校の先生だし。
　　　そうすると高校卒の人とかじゃダメなんだよね。ジュンさんより
　　　頭のいい人と結婚しないとダメなんだよね。

ジュン：そう、同じかもうちょっと上の人じゃないとね。もうちょっと上
　　　　は、いい人だから少ない。

　妻であることは、夫である男性より年下でなければならず、自分より
学歴も高くなければならない。しかしジュンはすでに大学も出て、学校の
先生だ。彼女につりあう人はベトナムにはいなかったというのが、彼女が、
彼女が結婚できない理由として語ったことだった。

　そんな彼女にとって、日本で生活する夫は、非常に有能だった。仕事も
きちんとこなすし、そのうえ日本語が流暢だった。彼女は語りの端々で、
夫に「教えられている」自分という姿を語ってくれた。

　＊：日本に来て一番大変だったのは何かな？

ジュン：病院かな。言葉がわからないとき、いつも旦那さんが教えてくれ

る。例えばティちゃんがはしかとか。先生に紙に書いてもらって、子どもにいつからぽつぽつあったとか。熱は何度とか。でも病院にいって先生に会うとき、子どもは咳出る。先生はわかる？　って（身振り手振りで）先生は人が多いから、説明する時間ないから。薬だけ（くれる）。１日何回、ご飯の前、ご飯のあととか。で旦那さん帰ってきて、子どもどうだったって聞くの。でも、私わからない。だから旦那さんは日本語勉強してくださいっていうの。

＊：厳しい旦那さんだね。

ジュン：そう、でも私もそう思います。勉強するのは大事。少しずつは勉強してる。子どもが小さいときは病院に１カ月２、３回いくときもあって、本当に心配してる。わからないともーっと心配になる。

ジュン：センターは６カ月、でも勉強は４カ月だけ。あと２カ月は生活のこと。だから日本語の勉強、全然足りません。会社の日本語、テレビの日本語、みんな違うでしょ。私新宿で日本語学校に行きました。日本語の教室では先生の話はわかります。でも何でかな、会社の人が話すことはわかりません。旦那さんね、何で、あなたは頭が変ねって。旦那さんは全然日本語学校には行ってない。ボランティアの教室にも行ってない。でも日本語できる。だから、何であなたはできないのって。

＊：会社の日本語は確かに違うからね。

ジュン：旦那さんは何で新宿まで行ったのに結果は変ってないよって。私も考える。頭変かな？　って。

　夫と彼女との関係は、何でも日本のことは知っており、日本語能力にすぐれた夫と、一方で何度も勉強しても日本語が上達しない、よくわからない自分という、夫より少し下にいる自分を確認できるものである。ベトナムでは「上」に人がいなかったジュンにとって、やさしく、まじめなだけでなく、自分より「上」の存在である夫というのは、ベトナムにおける「い

い妻」でいさせてくれる存在であり、安定的な夫婦関係をもたらしている
大きな要因かもしれない。

　そんな彼女にとって、「母になること」とはどのような意味を持つものだ
ったのだろうか。彼女は、結婚することを来日の第一の目的、つまり他の
女性たちとは違って経済的な動機ではなかった。しかし、実際には、来日
直後、早いうちに子どもを妊娠したことによって、仕事を得るための絶好
のチャンスを逃してしまった彼女は、それを非常に残念がっていた。

　　ジュン：私1996年にきた。1997年にティちゃん生まれた。で、1996年
　　　　　　はセンターに入って。6カ月間日本語勉強した。
　　　＊：そうかそうか、センター行ってたんだ。
　　ジュン：で、すぐ妊娠した。みんなセンター終わるときは仕事を紹介され
　　　　　　るけど、私仕事紹介される日、妊娠してますって。恥ずかしかった。
　　　　　　やだな〜って。
　　　＊：どうして？
　　ジュン：これはいいチャンスです。
　　　＊：仕事？
　　ジュン：私自分では仕事探すのは大変。でもセンターいっぱい。そのとき
　　　　　　はセンターはいっぱい仕事あった。それもいい仕事です。例えば
　　　　　　私がいつも探す仕事は近くで、小さい会社です。でもセンターが
　　　　　　紹介する会社はいつも大きい会社。それも仕事も簡単。みんな外
　　　　　　国人だから日本語わからないから、簡単な仕事を紹介します。で
　　　　　　も大きい会社。でもそのときだけだから、もったいないです。私
　　　　　　は予定ではS市の会社。いい会社。面接の日は妊娠してるから、
　　　　　　ごめんなさいって。

　確かに彼女はその後、きちんと定職についているもの、食品関連の工場
に勤めており、そこでの同僚のおばさんたちが厳しいことが今でもストレ
スになっていると話してくれた。また、以前勤めていた会社ではベトナム

人だからと、馬鹿にされることもあったというのだ。

> ジュン：時々私はちょっと、さびしい。言葉がちょっと合わないけど。私
> 　　　　は以前、算数の先生でした。何でもできる。私の前の会社で使う
> 　　　　のは、掛け算とか、足し算だけです。例えば、この500本出た。
> 　　　　200本使った。残りの分は300。でも会社の人は、「これできる？」
> 　　　　「1足す1は2、できる」って
> 　　＊：あ〜馬鹿にされちゃうんだ。
> ジュン：だから私、何でって？　もっともっとできるでしょ。「3引く2は
> 　　　　1ね」って。言われて。
> 　　＊：そうか〜。悔しいね。
> ジュン：1000か10000以上でもできる。そしたら、え、できるのできる
> 　　　　のって。
> 　　＊：それは悔しいね。
> ジュン：私はサイゴンだから。ここのベトナム人の人、田舎の人いっぱい
> 　　　　いる。学校に行ってない人もいると思う。本当にそんなこともで
> 　　　　きない人もいると思う。多分会社にいたベトナムの人も間違えた
> 　　　　んだと思う。それじゃあ、会社も困ります。だからみんなに「1
> 　　　　足す1」、「3引く2」ってやるのね。1年生の算数ねって。他の人
> 　　　　はできなかったのかも。

　この彼女の勤務先は、現在の職場とは異なるようだが、出産後彼女が自
力で探したものだろう。自力で探すだけでも大変なことだと思うが、その
結果として彼女は不本意な体験をすることになる。それが、「センターを
出るときは簡単だけど大きい会社での仕事」ができなかったことへの後悔
につながっているようだ。
　また、彼女の場合は、夫を紹介してくれたのは、夫の弟の妻である自分
の友人だった。もちろん、頼ることはできたのかもしれないが、彼女にと
って初めての子育てのときに親族がいなかったことは、大変な苦労だった

ようだ。特に子どもが病気になったときには、頼るべき夫は仕事で忙しく、わざわざベトナムの自分の母親に電話をかけている。

> ジュン：うん、そのときは寂しかった。そのときは友達もいない。家族で
> ダンナさんずっと仕事。前は仕事いっぱいだから。旦那さん残業
> で8時とか9時まで。でも私はティちゃん小さいとき、子どもの
> ことわからないから。寂しいね。何回も電話した。「ママ、今私の
> 子どもは下痢、どうする？」「私の子ども咳どうする」とか。でも
> 今はだんだん慣れたけど。

それでも彼女は、出産後できるだけ早く仕事を探して仕事をしたいと考えて、実際に仕事をすることになる。もちろん職場でも日本語が問われることもあっただろう。だが、彼女にとっては子育てを通して関係ができる日本社会との接点が、彼女に日本語の重要性を気付かせることになっていると思われる。例えば、保育園での出来事だ。彼女は自宅から遠い保育園しか見つけることはできなかった。おまけに他にベトナム人の子どももいない。そこで保育園の先生とのやりとりが十分にできないことを経験する。

> ジュン：そのあと保育園は入れたけど、一番遠くの保育園です。すごーく
> 大変だった。2歳から6歳まで4年間。あそこの保育園に行くま
> では、坂がいっぱいある。雨の日とか、冬の寒い日とか、子ども
> は「ママ、ママ寒い寒いって」でも私は自転車で「大丈夫寒くない、
> 寒くないって」「がんばって」て。
> ＊：寒くないって言ったのね（笑）
> ジュン：そう、寒くないって。でもそのとき私は仕事だから、朝は忙しい
> 忙しい、時々保育園で忘れ物いっぱいありました。
> ＊：大変だよね。
> ジュン：でもそのとき私日本語下手です。私話すこともできないから、先
> 生もまあいいかって。そのときベトナム人私1人だけ。そのあと

２年後３年後外国人いっぱいになって通訳さんも来た。でも最初
の１年間は私１人だけだから、全然先生の言ってることわかりませ
ん。先生は何回も何回も説明してくれる、でも日本語下手だから
ら。わかりません。だから困りました。ティちゃんは保育園入っ
て、仕事を見つかった。そのときは日本語を覚えたけど、前は全
然わからない。保育園の４年間は思い出すだけで大変。

　彼女にとっては、保育園に通うのに物理的に大変だったことだけではな
く、先生とのコミュニケーションができないことが、精神的に辛いことだ
ったに違いない。聞き取りをした女性の多くが、日本で生活する上での問
題は日本語、特に子どものいる母親は学校からの連絡が理解できないこと
を挙げる。だが、それをここまで具体的な気持ちを交えながら「大変」だ
ったと語ったのはジュンだけだった。でもだからこそ反対に、子育てを通
した日本社会との接点に、日本語を勉強しようという強い動機を見つけて
いるように見える。特に、どんどん大きくなっていく娘との関係は、彼女
の日本語学習意欲にとっての鍵だ。まずは、娘が大きくなって、自分の調
子の悪いときに助けてくれるようになる。

　　　＊：ジュンさん、自分の体の調子が悪いときも病院が大変だよね。
　　ジュン：大変。病院のときね、時々ティちゃんにママいまお腹痛いって、
　　　　　　なんと言いますかって聞いて。そしたらティちゃん、教えてくれた。
　　　　　　そのときティちゃん少し大きくなってて、４年生とか５年生とか、
　　　　　　わかるから、これこれこれって説明する。それをそのまま病院に
　　　　　　いって説明すると、先生は日本語がわかると思って、バーっと話す。
　　　　　　私わかりません。でも今は半分くらいわかります。

　彼女は、娘のティちゃんの方が母親である自分を助けてくれるようにな
ったことを受けて、改めて、自分の日本語能力が足りないことで娘とのコ
ミュニケーションが今後難しくなっていくという問題を、気にするように

なったように思える。

　　　＊：日本で心配なことはないですか？
　ジュン：ある。日本で心配なことはティちゃんのことです。学校のこと。
　　　　　いじめのこととか。今、中学校はちょっと悪いうわさばかり。私
　　　　　は違う中学に入りたい。でも多分無理。だからティちゃんが大き
　　　　　くなると心配なこといっぱい。ティちゃんはベトナム語できない。
　　　　　私は日本語できない。でもティちゃんはだんだん大きくなるから
　　　　　いろいろなことも話したい。でもお母さんがわからないとティち
　　　　　ゃんは寂しい。だからとても心配です。
　　　＊：ティちゃんはベトナム語勉強しない？
　ジュン：イヤだって。前、ベトナム語の勉強、中学校でやってたけど、テ
　　　　　ィちゃんは２回だけ。口が重いから行かないって。ベトナム語は
　　　　　多分難しいって。「ねえティちゃんベトナム語教室行って」って言
　　　　　うと、いや、いやって。何で行くのって。今はベトナム語も少し
　　　　　話すけど。
　　　＊：日本で生まれて育ってるからね。保育園も日本語だしね。小学校も。
　ジュン：小学校はベトナム人いっぱいいるけど、みんな全然日本語はなせ
　　　　　ない。ベトナム語は話せないです。
　　　＊：ママ寂しいね。

　彼女にとっては、日本語は娘とコミュニケーションをとる上での重要な
ツールだ。そしてその日本語を覚えようという姿勢は、結果として日本で
の生活の場を広げている。もちろんそこに積極的に参加しようという意思
があるのは言うまでもないが、だが子どもを通じて彼女は世界を広げてい
ると言えよう。
　彼女は「妻」であることによって、日本語を勉強する動機を与えられて
いる。そして「母」であることによって、その必要性をさらに強く感じて
いる。ジュンにとっても「母」であり「妻」であることは、彼女と日本とを

結び付ける強い動機となっていると思われる。そしてその結果、彼女の日本社会でのよりよい定住も支えているのだ。

——————————— 7.3　カートにとっての「母」「妻」「娘」

　カートは今回聞き取りをした女性たちの中で、最初に出会った女性だった。序章の一番最初の出会いとは、カートのことだ。2003年の夏のことだ。私は夫の赴任に付き添って行ったカンボジアから戻ってきたばかりで、日本に在住するカンボジアの女性たちと会ってみたいという気持ちで、NPO の日本語ボランティアスタッフとして関わらせてもらった。当時カートは一言の日本語も話せなかった。カンボジア帰りだった私は、少しカンボジア語が理解できたことで、彼女に日本語を教えることになったのだ。彼女にはカンボジアから連れてきた9歳の娘と、まだ歩くことのできない0歳児の息子がいた。そのとき始めて日本語教室で彼女に日本語を教えたが、彼女はすぐに教室に来なくなってしまった。無理もない、はいはいしかできないこどもを連れて教室に来るのは、いくら近くだとはいえ難しかったのだろう。だが彼女とのコンタクトはその後も続いた。特に9歳の娘が、自分も日本の生活に慣れるのが精一杯の上に母親は乳児にかかりきりという状態なので頼ることも甘えることもできず、誰かに頼りたいと思ったのだろう。私はカートの娘に勉強を教えてあげると約束して、彼女の家に出向いたことがあった。それ以後、何度かカートの娘を通して、彼女の生活の様子をのぞいたことがあったのだ。その中で忘れられない光景が二つほどあった。最初は、その9歳の娘に勉強を教えるため、初めてカートの家に行ったときのことだ。カートの娘は小さな居間に、ちゃぶ台を広げて勉強を始めようとしたところだった。そこにおもむろにカートが、何かの請求書を投げ出した。ガス代か電気代か、はたまた家賃か、そんなところだ。だが彼女にとっては何が書いてあるかわからない代物なのだ。そこで、来日後1年たって日本語が読むことができるようになった彼女の娘に、この請求書を読め、ということなのだ。いくら日本語が読めるように

なったとはいえ、まだ小学校4年生の小さな娘である。普通の日本人の小学校の子どもなら、まず間違いなく目にすることもないだろう。その小さな娘に、請求書の書類を読んでもらわなければならない、という母の立場に、まず愕然とした。同時に自分の勉強よりもまず家族の大事である請求書を読め、と指示することで、母の威厳や立場を守ろうとするようにも見えた。その複雑な立場に、衝撃を受けた覚えがある。

　もう一度は、カートの娘にもカート本人にもしばらく会えないときが続いたある日、心配になってNPOの代表と2人で、様子を見にカートの家に出向いたときのことだった。彼女の家に上がらせてもらうと、彼女の2人の小さな子どものほかに、彼女の姑であるおばあちゃんと、彼女の子どもと同じくらいの子どもがもう2人ほどいたのだ。この子どもたちはどうしたのと聞くと、預かっているとカートは答えた。つまり、誰か知り合いが働いている間、その預け先のない母親が、彼女に預けて仕事をしているのだ。彼女だって自分の子どもを預けて仕事をしたいはずだ。それなのに、自分の小さな子どもを入れて4人もの乳児を、この小さな部屋で世話しなければならない、彼女の状況に複雑な思いを抱いた記憶がある。

　そんな日本に来て難しい環境に置かれていた彼女に、聞き取りをすることとそのものが一大事だった。彼女に会うときは、必ず通訳の人がいるわけではなく、話を聞きたいといってもそれがどんなことなのか、理解をしてもらうことができなかったからだ。ようやくインタビューを受けてもらえることになったのは、彼女の最初の出会いから、およそ5年半が経った後だった。カートにとって、日本に来てからの出来事はどちらかといえば辛いことばかりだったようだ。だから、聞き取りを始める前も、ひとしきり彼女の愚痴を聞かなくてはならなかった。また、インタビューの中でも、彼女は自分の辛さを中心に語る傾向があるようだった。彼女には日本に難民として来ていた兄が1人いたという。そして彼女の叔母も日本に在住だったようだ。彼女が一人娘を連れて離婚せざるを得ず非常に苦しい生活をしているときに、この叔母が今の夫を紹介したという。まず彼女に来日の経緯を聞いたところ、その親族との関係の破綻から話し始めた。

＊：だんなさんは、お兄さんの紹介？

カート：叔母さんも日本にいるのね。平塚に。叔母さんが紹介してくれた。
　　　　ヒン叔母さんって言うんだけど。その叔母さんが難民キャンプに
　　　　いるときから、今のだんなさんを知ってた。自分は一度離婚を経
　　　　験してたから、まただまされるんじゃないかって心配だった。で
　　　　も叔母さんがダンナさんの性格はよくわかってるし、大丈夫だよ
　　　　って。叔母さんが一度カンボジアに遊びに来てね。そのとき会っ
　　　　たんだけど、そのとき本当に自分の生活が苦しくて。カンボジア
　　　　にいるときは屋台でご飯とカキ氷を売ってた。まさか日本に来れ
　　　　る人生だとは思ってなかった。

　　＊：そうだよね。

カート：入学式のときにまだまだ信じられない。だからいつも涙が出ち
　　　　ゃうんだ。まったく日本語も読めないし、ものすごく不便だよね。
　　　　学校からいろんなお手紙が来ても、何も読めないし、いつも娘を
　　　　頼りにしながらね。

　　＊：そうだよね、そうやって生活しなくちゃいけないからね。

カート：あんまり言いたくないんだけど、平塚にお兄さんやおばさんもい
　　　　るし。でもけんかしちゃったの。みんなに嫌われちゃって……。

　　＊：カートさんが嫌われちゃったってこと？

カート：でカンボジアから来るときに、自分の子どもと従兄弟を娘にして、
　　　　日本に来れるように。で、日本に来れたんだけど、でも日本に来
　　　　てから、生活が変わって、私の言うことあまり聞かなくなったんだ。
　　　　でも一応立場として、親だから責任があると思ってね。何年かす
　　　　ると手続きするじゃない。だからビザやるときに言うことを聞か
　　　　ないと、ビザやってあげないよって。で叔母さんが怒るようにな
　　　　って。今結局従兄弟がどこに住んでるかもわからない。お兄さん
　　　　に電話しても、叔母さんに電話しても出てくれない。辛い思いを
　　　　抱えて日本で生活するのは苦しい。

　　＊：じゃあ最近は叔母さんには連絡してないんだ。

カート：お兄さんも叔母さんところも行ったんだけど、誰もドアを開けて
　　　　くれないし、自分の従兄弟を自分の子どもにして日本に来たけど、
　　　　その子が問題ばかり起こすから、もうどうしたらいいのかわからな
　　　　くて。カンボジアにいる私のお母さんに相談したら、もしそん
　　　　な問題抱えるんだったら、もう楽にしてもいいよ、って。ビザの
　　　　ことはいいんじゃないって。でもそうすると、叔母さんは怒っち
　　　　ゃうし……。今頼りにしてるのは、だんなさんだけ。すごくいい
　　　　人で、殴られたりそういう人だったら、日本にいられなかった。

　叔母の紹介で夫と知り合ったという人は、ホンなどもそうだった。本来
身近な親族は、自分たちも呼び寄せる女性から利益を受ける場合が多いの
で、新たに日本に定住する女性たちにとっては一番頼りになるはずの存在
の人だ。ところが彼女はいきなりその呼び寄せてくれた叔母との関係が壊
れるという事態に直面してしまったのだ。結局彼女が頼りになるのは、夫
とカンボジアから連れてきた娘だけということになる。彼女はいきなり、
「いい母」どころか娘を頼らざるを得ない母となってしまったのだ。この
語りにもあるが、娘に頼る母であり、そんな悩みを自分の母にもせざるを
得なかった。もちろん彼女は、仕事があるときは、月に100ドルから200
ドルのお金を仕送りしているようだったが、日本での生活は、自立するど
ころか頼るばかりになっているのだ。
　そんな彼女は、自分の子どものことを聞いても、あまり言葉が出てこな
かった。もちろん自分が産んだ2人の子どもがこの先どうなるのか、未来
を心配していると語っていた。だが、代わりに、夫の成人した息子のこと
を聞いてみると、あふれるように言葉が出てきた。

　　＊：子どもは生まれてかわいいじゃない。それは日本で支えになって
　　　　る？
　カート：子どもできて良かったと思うんですけど、子どもの未来が一番心配。
　　＊：息子さんがいたじゃないですか。それとおばあちゃんも。

カート：すごく大変だった。自分の子どものようにかわいがっただけどね、あの子達の将来も心配で、朝お弁当を作って持たせて、自分に対しては何も思ってくれなかった。心配で子どもの給料とか聞いたら、何も残ってないし、ショックで。子どもと心と心が通じてなくて。私は先のことを心配して、ちゃんとたとえば団地とか申し込んだらって言ってみたんだけど、そうすればアパートより安いから。でも自分の考えどおりには行ってくれない。すごく苦労してきて、でも今少しずつ、自分の子どものこととダンナのことだけを考えて過ごすことにした。長男は1週間に3日しか働いていないの。で2、3日前に子どもの熱が出ちゃったの。で、病院にいきたかったんだけど、日本語わからないから、ちょうど長男が月曜日で仕事が休みだったから、妹たちの調子が悪いから病院に連れて行ってって言ったの。そしたら自分よりも、自分の娘を頼りにすればいいと。いやみなことを私に言うの。お父さんの財産を狙って結婚したんだろうとか。前の奥さんの子だから、でもみんな同じ気持ちで好きだし、心配なんだけど、一生懸命考えて、何度もご飯とかも一緒に食べて、でも働いても結局パチンコとかで使っちゃって、お金がなくなると親のところに来て、お金くださいって。でもいつもあげちゃうの。お金。一番下の子は、会社で人を殴ったりして、すごく大変で。その子は今生活保護を受けてる。一生懸命前の3人の子、かわいがって、ダンナは何にも言わないけど、何で俺の子ども見てくれないのって言われるのが不安で、一生懸命やったけど、その一生懸命がつらい。

　彼女にとって、自分の子どものことは心配であるものの、さほど問題はないと考えているのだろう。それよりも今は目の前の、夫の息子たちをかわいがること、そしてそれにも関わらず、その気持ちが前妻の子どもたちには伝わらないという事実に苦しんでいるようだった。彼女は血のつながらない、実際には息子というよりは兄弟のように年の近い子どもたちを、

自分の子どものようにかわいがろうとしていた。それは、自分を呼び寄せ
てくれた親族との決裂の後、頼れる人が娘と夫でしかなくなったことから、
精一杯、「いい母」になることで、「いい妻」となろうとしているように思え
た。それは、夫の母の扱いについてもそうだった。夫の母は、私が初めて
会ったときすでに80歳を超えるような年齢だった。たまに会うカートの
娘から、おばあちゃんの世話が大変だと、何度か聞いていたこともあった。
だから彼の母親についても聞いてみた。

　　　＊：おばあちゃんもいたもんね。
　カート：子ども妊娠して、子どものこと乳母車で押しながら、病院連れて
　　　　　行って。自分もお産のあとお母さんの面倒も見なくちゃいけなか
　　　　　った。時には自分もだるいとき、おばあちゃんは寝たきりで、お
　　　　　しっことかうんちとかすると、そんなときはもう、お風呂に抱え
　　　　　て連れて行って。洗ったり。誰も面倒見てくれなかった。入院し
　　　　　ても、1日3回見に行って。だからお母さんには不満はなかった
　　　　　と思うよ。
　　　＊：最後はカンボジアにつれて帰ったんだっけ？
　カート：そうね、連れて行って1年間かな。調子悪いって言うので、家族
　　　　　全員でカンボジアに行って。
　　　＊：じゃあ最後だけはダンナさんの家族が見たのかな？
　カート：お母さん、ちょうど4月だったから、お母さんのお布施とか汚
　　　　　れを落とす荒い流しとか、みんなやってあげて。全員で行った。
　　　　　300万かかった。あの頃お父さんはまだボーナスとかあったから。

　彼女にとっては、日本での生活は困難だらけだ。現状では仕事はなく、
そのことによって子どもが保育園から出されてしまうことも心配してい
る。自分を呼んでくれた親族との関係は破綻し、夫の前妻の子との関係も
難しい。日本に来た、日本にいる、ということそのものは、自分でも想像
できなかったと語り、決して否定的にばかり捉えているわけではないだろ

う。しかし彼女は日本に来て、たった1人の子の母から、一気に何人もの子どもの母になった。自分が産んだ子どもたちに対しては、子どもの未来を十分支えられないという不安にかられている。それを取り返そうとするかのように、夫にとっての「いい妻」であり続けようと、夫の子どもの母になることに必死になっているように思えるが、そのことによってますます自分を追い詰めているように見える。彼女の困難さは、親族との決裂や経済的な困難さなど様々な要因の結果であると言える。その中でも、自分の産んだ子どもには母として経済的な貢献ができず、愛情もお金も注ぐことで「母」になろうとする前妻の子どもからは認められず、母としての役割を果たしていないことが、彼女にとっては大きな精神的な負担となっている。日本に定住する上で、本来なら活力ともなりうる母としての役割が機能不全であることも、日本との距離を遠ざける一因になっているのではないだろうか。

むすび

　日本に来る女性たちの経験は、困難にぶつかり続ける人もいれば、すっと日本に溶け込んでいく人もいる。彼女たちの夫、知り合える人、環境、子どもの状況などによって経験が異なることは当然であり、日本に定住することに対しての見方も、彼女たちの経験によって異なるだろう。

　だが、結婚で来日する女性たち全員が経験するのは「妻」となることであり、そして多くの女性は「母」となる。多くの女性にとって、母となることは多くの女性にとって、大きな負担だ。異国の土地で右も左もわからず、言葉もできない中で、子どもを生まなくてはならない不安というのは、大変なものだろう。まして経済的な不安を抱えることになれば、——ホンやカートのように——なおさら母となることは負担である。

　しかし同時に、母となることは彼女たちの日本での生活を支える。ホンは息子を経済的に支え、自分の果たせなかった夢を託そうとすることで、日本での存在意義を見出しているように思える。ジュンは子どもを通して

世界を広げることで、日本での生活を楽しんでいるように見える。母の役割に充実感を見出すことが、日本での定住への積極性にもつながっている。反対に、母の役割を十分に果たせていないカートは日本との距離が埋められずにいるようだ。

　ただし同時に、母であることは、日本で「母」の規範であるような、いつでも「家にいて子どもを見守って、無償の愛情を注ぐ」というような「母」像ではない。仕事もして経済的に彼らを支えてあげることが第一義であり、コミュニケーションをとったり愛情を注いだりすることは、経済的な充実と等価だと思われる。だからこそ、ホンは子どもをベトナムに送り返し、カートは自分の子どもの未来を心配しているのである。

　「母」であることは、負担であるかもしれないが、それ以上に日本での定住を支えていく重要な役割であると言えるだろう。

<u>終章</u>

　本書では、ベトナムそしてカンボジアの女性たちが、自分と同じ社会出
身で、難民として日本に在住する男性と結婚する際の、国際移動について
描いてきた。明らかになったことは、彼女たちの移動局面のすべてにおい
て、ジェンダーの影響がみられることだ。動機を形成する送り出し国の社
会経済的状況、彼女たちが選ぶ移動の選択肢の中、彼女たちを必要とする
夫の希望の中、ネットワークとして機能する親族関係、国際的な人の移動
をコントロールする受け入れの政策、そのすべてにおいてだ。そのそれぞ
れの過程における、いわば複合的とも言えるジェンダー関係によって、彼
女たちの日本に来るという行為が形作られているのである。
　彼女たちが、日本へ移民するという決断に至るのは、ベトナムやカンボ
ジア社会でのジェンダーによる社会経済的な生きにくさによる。これらの
社会において、結婚が遅くなることに対して社会的制裁は厳しい。結婚し
ていない、あるいは結婚が遅くなることに対しての社会の視線は、男女双
方に厳しいものだが、女性にはより一層厳しい。結婚しないでいること
が、女性の容姿の良し悪しや身体的な問題にすりかえられて、社会的制裁
の対象となってしまうという社会。それによってジュンは、自分が敬意を
払われる地位にあったことも投げ打って、結婚へと駆り立てられてしまっ
た。社会的制裁が加えられるのは「結婚しない」女性に対してだけではな
い。「離婚した女性」もまた社会は容認しない。ベトナムでもカンボジアで
も、「離婚した女性」が1人で満足に子どもを育てていくというのは、非常
に難しい。離婚した場合には、社会的制裁に加え（例えばより性的な暴力を受
けやすくなる）、経済的に非常に厳しくなる。ティンは、ミシンの仕事やそ
の他いくつかの商売を立ち上げたが、朝から晩まで働いてももらえる額が
少なく、時間的に子どもの面倒を見ることも十分にできなかった。カート

は子どもを連れて、学校の前で小さな屋台を開いたものの、やはり2人で満足に食べていくことはできなかった。経済的な厳しさというのは、結婚していない若い女性にとっても同様である。一部の大都市圏で経済発展が進む中で、大卒の女性でさえ、「雇用」されることは難しい。ベトナム・ホーチミン市の目抜き通りには、ルイ・ヴィトンやヴェルサーチといったヨーロッパの高級ブランド店が軒を連ね、カンボジアの五つ星ホテルのプールには、4ドルの利用料を払ってやってくるカンボジア人がいる。それだけ豊かになった人たちが後発後進国にも現れたというのに、大卒女性でさえ4人に1人しか賃金労働者にはなれない。そしてたとえ賃金労働者として雇用されたとしても賃金は非常に安く抑えられている。大学に入ったホンも、夜間中学に通ったダンも、高校は卒業したというラサも、専門学校に行き小学校の先生になったことのあるトランも、みんな生活ができないことを理由に日本へ来ていた。

　彼女たちがその社会経済的な生きにくさを、海外へ移住するということによって解消しようとするとき、彼女たちの目の前に現れる選択肢もまた、ジェンダーとは無縁ではない。彼女たちは結果として、結婚を選んだ。それは、結婚が社会的に承認された行為だからだ。確かに彼女たちには、労働者として他国に行くという選択肢もある。しかし他国で必要とされる労働とは、女性がすべきと考えられている労働分野の労働、つまり「家事労働者」やあるいは「介護労働者」、さらに中には「性労働者」など再生産労働の分野での労働が圧倒的である。実際に台湾や韓国、マレーシアには、ベトナムやカンボジアから多数の家事労働者が送り出され働いている。世界的に「再生産労働の国際分業」といわれる現象が進む中、女性にとって、スキルは、特に言葉がわからなくても家事をしたことがあれば——そしてたいていのベトナムやカンボジアの女性にとって、家事は幼い頃からやっていることだ——問題なくこなせる仕事だ。ただし問題となるのは、スキルの有無やアクセスの可能性の問題ではない。家事労働者は、ベトナムでは「おしん」と呼ばれるように、決して社会的に高い評価を受けるような仕事ではない。どちらかといえば、忌避されるべき仕事なのだ。「性労働

者」になれば、正規の入国ルートよりは非正規のルートの場合が多く、その生業が忌避されるだけでなく、「非合法」というレッテルが貼られる場合もある。だとすれば、もし結婚という方法が可能であれば、社会的にも認められた行為である結婚を、国際移動の手段として女性が選択するというのは当然の結果なのかもしれない。彼女たちに用意されている選択肢は、多様にあるように見える。しかし実際には、「女性らしい」「女がすべきである」という規範を求められる労働分野のみに選択肢が存在しており、選択肢そのものがジェンダー化しているとも言いうるだろう。

そんな彼女たちを迎える夫もまた、「女らしい」女性たちを迎え入れる必要に迫られている。彼らは経済的に余裕のある人たちではない。必ずしも不安定な雇用に就いている人ばかりではないが、失業中の人もいる。また彼らの中には、年齢層の高い人もたくさんいる。離婚歴があり、前妻との間に成人した子どもがいる、というような人たちだ。彼らの中には、彼らよりもっと年齢が高くすぐにでも介護が必要な親がいる場合もある。本人たちもすぐに「年金生活」になるような人もいる。実際に年金生活をしていると言う人もいる。彼らは総じて経済的に不安定であり、家庭の中の介護労働をすぐにでも必要とする男性たちもいる。そんな彼らにとって必要なのは、再生産労働を忌避し母国語でのコミュニケーションの難しい日本人女性でもなく、日本で育ち日本の教育を受けた平等志向の強いベトナムやカンボジア難民の子女たちでもなく、たとえ経済的に困難な状況にあっても夫をたてて、優しく、なおかつ、家計を支える程度の仕事をしてくれて、そのうえ親族のために働いてくれるような、「伝統的」な本国の妻たちなのである。本国の女性に経済的役割とケア役割の双方を期待しているのだ。迎え入れる夫たちが妻に求めるのは、「女らしく」かいがいしく働く、彼らのジェンダー規範に則った女性なのである。

こうした女性たちの、本国でのジェンダー構造を含む生きづらさの解消を求めて海外へ出ようという欲求と、日本に住む男性たちの、ケアや経済的サポートを含めた双方の労働力を必要とする欲求を、親族の、それも主に女性たちがつないでいく。夫の母の場合もあるし、自分の叔母の場合も

ある。彼女たちは単なる「紹介屋」ではない。彼女たち自身も、嫁や姪を日本に呼ぶことに利益を見出している。だからこそ、親族ネットワークは移民を促進するのだ。息子に妻を探す場合、母国語でのコミュニケーションが可能な女性たちを自分自身の手で探してくる、というのが一番安心なのだろう。だが、それだけではない。自分の兄弟姉妹の娘、つまり姪っ子を日本に住む男性と結婚させて呼び寄せることが可能であれば、自分の「送金」負担が減ることにつながる。同時に精神的な安定にもつながることになる。経済的にも男性より不安定な立場にいて、日本語のコミュニケーション能力が低く、必ずしも「よい定住」をしているとはいえない女性の移民を促すネットワークを構成する女性たちも、呼び寄せる女性に対して女性らしく癒しを提供してくれるようなケア役割と、自身のジェンダー役割——家族にコンスタントに送金する女性という役割——の分散を期待しているのだ。呼び寄せられる女性にとっては、家庭に対してのケア役割のほかに、「送金」というさらなるジェンダー役割を負わされることになる。

　こうしたベトナム・カンボジア側の女性の脱出希望と、日本にいる男性と女性の呼び寄せ希望と、それをつなぐ女性たちがいる。この三者の行動は、さらに先進国側の「人道的、道徳的」義務により後押しされる。移民の受け入れ先となる国々では、基本的に移民の入国に対して無制限で受け入れるということはあり得ない。だが、そうした中で「民主的国家」を標榜する先進国は、移民の受け入れに際しても「人道的、道徳的」義務を果たさなければならない。政治的迫害を受けて本国にいれば命の保証のない難民を、すでに先進国内にいる市民の家族が、政策的に、優先的に入国させることになる。特に「配偶者」と「扶養の必要のある子ども」は入国が優先的であり、結果として容易である。つまり市民の家族が入国する場合、もっとも優先されるのは、「妻」か「子」だ。それは日本でも同様である。ただし、多くの移民が殺到する米国と比べると、日本はそもそも「妻」と「子」を呼べる市民が少なく、結果として日本に住む移民の「妻」でありさえすれば、審査を待つ時間が短く入国できる。一方、労働移動で入国しようとする場合、多くの先進国が受け入れるのは、自国の利害に関する

人材のみである。当然そのための様々な基準をクリアしなければならない。もちろん、投資家や特別な技術を持つ人たちは別にして、先進国の利害に適う人材というのは、自国の人材では賄えない労働分野に従事する人たちである。そしてそれは、ほとんどの場合、自国の人材が避けたがる職業——単純労働でなおかつ賃金は低い——である。建設現場や工場労働などがそれに当たるが、近年は女性のケア労働の分野、つまり家事労働者や介護労働者などに需要が集中しているのである。移民する女性側から見れば、「妻」になるか「家事労働者」になるかが合法的に移民する方法であるが、「妻」の方がより優遇され、入国しやすい方法であるのは明らかだ。こうして、結婚により移民しようとする女性たちは、先進国の移民政策のあり方にも後押しされて移動するのである。そしてますます、女性たちが結婚という移民の方法を高く評価することにもつながっていくだろう。

　なおかつ、「妻」で入国すれば、その滞在目的が生活をすることになるので、仕事をして安定的な生活をすることが問われるようになる。夫が経済的にゆとりのある場合は別として、多くの場合、妻が働くことは推奨されるものの、規制されることはあり得ない。だとすれば、女性たちにとって結婚により日本に来ることは、結果として雇用機会の拡大である。移民する前に彼女たちの前に提示される職業と比較すれば、職種の拡大かもしれない。少なくとも日本で家事労働者になることはあり得ない。時給は決してよくないが、弁当工場の夜勤や、自動車関連の縫製工場など、「家事労働者」ではない方法で月に20万近くの収入を手にすることが可能だ。そしてそれは、雇用機会の拡大であると同時に、「家族を助ける」という家族への送金を確実にする手段でもある。日本では1万円は、家賃の足しにしかならないが、ベトナムで換金すると天文学的な数字だ。2009年8月現在、1万円は191万ドンに変わった。少なくともこれで家族が半月は暮らせるのだろう。カンボジアなら1万円は40万リエルだ。1万円を節約して家族に送りたい、という気持ちは、結婚で来る女性たちのほとんどが共有しているものだろう。

　しかし現実的には、彼女たちを待ち受けるのは、夫やあるいは自分の身

近な親族からの「妻」として、「嫁」としての期待であり、同時に多くの女性の場合は「母」になることだ。夫からは経済的な、つまり外で働いて家計を支えることを期待される女性もいる。しかし、もし夫がいわゆる「伝統的な」妻を期待して彼女たちを迎えた場合、そして夫の家族も「伝統的な」口答えをせずに良く働く「嫁」を期待した場合、彼女たちの希望が順調に達成されることはない。まして彼女たちが雇用機会の拡大を第一義として国際移動をした場合、経済的機会へのアクセスが閉ざされていることは、精神的なコストを引き上げ、結果として定住そのものが不安定にさえなる。そんな彼女たちは、少なくとも母となったことによって引き起こされた日本定住における困難を本国とのネットワークで解消する場合もある。彼女たちは、日本で生活しながら、同時に常にトランスナショナルな社会によって、困難を解決する場合が多いのだ。

　ただし、彼女たちは決して母になることを困難としてのみ捉えるのではない。子どもの成長や「母」であることを自分の定住のよりどころとして、そして「母」であることを自分のアイデンティティとして、日本での生活を続けていくのである。もちろんそれがうまくいかない場合は、日本との距離にもつながってしまうが、それでも彼女たちはいい母であろうとし続ける。それは決して家の中にいるだけではない、仕事をして子どもや家庭を支えながら、子どもと対峙することなのだ。

結婚移民とジェンダー

　本書で明らかになったことは、以下のようにまとめられる。第一に、女性の「国外で仕事を見つけたい」「国外で仕事を見つけて家族を助けたい」という希望は、女性の方が仕事がしにくく結婚していない状態では生きにくいという、出身社会の雇用のあり方と結婚のあり方を規定するジェンダー役割／規範によって形作られていた、ということである。第二に、彼女たちが移動しようと思うときに目の前に提示される選択肢には、労働と結婚の双方があるが、労働の場合は、グローバルに進展している「再生産労働の国際分業」の影響を強く受けた女性がすべき労働という形での選択肢、

いわば「ジェンダー化」された選択肢しか提示されないため労働移民は実は非常に限定的であり、その場合、結婚移民が相対的に優位な選択肢となる。第三に、労働で移動しようとする場合、女性たちが選択しうる「ジェンダー化」された選択肢は、ジェンダー規範に則ると忌避されるべきものも多く、結果としてより結婚移民は優位になる。第四に、結婚移民も労働移民と同様に「女性らしさ」を求められて移動しているので、定住過程において重要な期待は、この女性らしさを達成すること（つまり妻となり母となり嫁となってかいがいしく働くこと）であるが、それは、女性の社会的な適応の障害にもなりうる。最後は、移民の各局面で、常に「女性であること」が要請されるが、それが不利益につながる場合が多いにも関わらず、定住社会において移民女性として生きていく上で、必要なアイデンティティにもなりうる、ということである。

世界的な「移民の女性化」と多様な形態

以上を通じて見たように、女性が移民になるということは、ただ単に女性が国境を越えて経済的な機会や生活の向上を目指すということだけを指すのではない。女性たちは女性であるがゆえに、より雇用されにくく経済的な困難に直面しやすい。女性であるがゆえに「女らしい」結婚ができなければ社会から制裁を受けやすい。しかしこうした事態の解消のために、経済的な機会の拡大や生活の変化を目指したとしても、彼女たちに提示されるのは、「女」であることが求められる労働分野での労働者か、「女らしい」「伝統的な」妻か、どちらかの選択肢しか提示されない。女性であるがゆえに社会経済的な不都合に直面し、その解消を目指したときに「女性らしい」ことが求められるという、「ジェンダー」に閉じ込められたかのような行為をとらざるを得ない。Suzuki (2002) はこれを「Gender Surveillance」と呼んだが、まさに女性が移民になるということは、その動機も移動の方法も、そして移動後の生活も、ジェンダーに大きく監視され、規定されるのだ。

こうした女性の移動におけるジェンダーの影響こそ、現在世界的に認め

られている「移民の女性化」現象の大きな要因である。これは現在の移民
研究においては一致した見方になっていると言っていいだろう。国連事務
総長と数カ国の政府によって設立された「国際移住に関する国際委員会」
の報告書の中で、Carling (2005) は、移民の流れのジェンダーバランスが
変化したのは、移民にまつわる法律や移民労働力に対するジェンダー・セ
レクティブな需要、そして送り出し国のジェンダー関係の変化によるもの
であると述べているが、本書で描いたベトナムやカンボジアの女性の移動
も、「ジェンダー・セレクティブ」な労働力に対する需要（つまり、優しくかい
がいしく夫や姑に仕えてよく働く嫁）に基づいて促進された移動であり、先進国
の移民にまつわる政策によってその流れは方向づけられ、送り出し国のジ
ェンダー関係によって動機づけられている。本書の事例は、世界的に起き
ている「移民の女性化」現象の一部を構成していると言えるだろう。

　反対に言えば、女性の移民が「ジェンダー・セレクティブ」な需要、つ
まり女性が「女性がつくべき仕事／女性らしい仕事」につくべきだという
考え方に対する応答であるとするならば、「移民の女性化」とは労働者であ
れ結婚であれ、有償労働だけでなく無償労働まで含んだ「女性の仕事」に
従事しうる多様な形態を採りうることを示しているだろう。

──────────────── **再生産労働の国際分業と結婚移民**

　結婚が労働に対して相対的に優位な選択肢になりうると指摘したが、で
は反対に、労働と結婚の分岐点はどこで現れるのか。それには「ジェンダ
ー・セレクティブな需要」がいかに生み出されているか、という点を考察
しなければならないだろう。この点を理解するには、いま一度「再生産労
働の国際分業」論を参照する必要がある。Troung (1996) の使った「再生
産労働の国際移転」という概念は、先進国内で急速に進んだ女性の社会進
出により担い手がなくなった家庭内での労働を補給するために海外からの
移動労働者の女性を必要とする事態を説明しようとした。そして、先進国
内での再生産労働に対する労働力の不足が起こる要因を以下のように求め
ている。女性が賃金労働に参入する機会が増加すると、女性がこれまで行

ってきた家事・育児などの無償の再生産労働に女性が従事する時間は減少する。にも関わらず、家事育児は女性の仕事であるという性別役割分業が変化しなければ、再生産労働に従事する人は減少する。また、Parrenas（2001）の「再生産労働の国際分業」という概念も、ほぼ同様の事態を説明した。彼女は女性の賃金労働（特に専門的な職業）への就業が増加すると、もともとは女性が家庭で遂行すると思われた再生産労働を遂行することができなくなる。しかしやはり、家庭内での性別役割分業が変化することがないので、再生産労働を担ってくれる「女性の移民労働者」への需要が生じたと認識している。彼女たちははっきりは言及しなかったものの、この議論には前提がある。家庭内で本来女性が担われるべきとされる再生産労働が、家庭内で担いきれなくなった場合に、移民を外部から雇うという需要が生まれるが、当然性別役割分業は変わらないままなので、移民は当然女性でなければならない。だからこそ Carling の言うように移民に対して「ジェンダー・セレクティブな労働需要」が生み出されるのだ。

　彼女たちの議論は、移民に対する需要が生み出される仕組みについてであるが、「再生産労働の国際移転／分業」という議論のもっとも重要な論点は以下の三点であろう。一点目は、先進国内での女性の社会的地位が大きく変動したにも関わらず、再生産労働に関わるジェンダー意識やそれに基づいて規定されている社会のジェンダー構造には変化がないことである。二点目は、女性の地位の変化に伴い、急速な再生産労働の担い手不足を生んでいるが、その矛盾を低賃金（あるいは無償）で働いてくれる途上国出身の移民に「移転／分業」させることが可能である、という点である。さらにもう一つ重要な点は、Troung はその議論で少し触れていたものの、この「再生産労働」への担い手の不足は、必ずしも「女性の社会進出」だけに求められるわけではないということだ。社会の変化による女性の意識の変化——それは Troung の指摘では「domesticity」の拒否と言われるが——によって結婚をしたがらない女性が増えたとすると、それによっても「再生産労働」の担い手不足が起こりうるということである。なぜなら、結婚しない女性が増えるということは、同時に結婚しない／できない男性が増

えることになる。「再生産労働」は本来人間が生きていくために必要な活動で、男女ともその活動が不足すれば、困ることは同じだが、「再生産労働」は元来女性が従事するものという考え方が根強いので、結婚による「再生産労働」の不足により困難を抱えるのは男性に多い。だとすれば、結婚していない、あるいは結婚するのが難しい男性も「再生産労働」が必要であるが手に入れられないということになる。

　もともと結婚することが難しい状況の男性は、経済的に困難を抱えている場合が多く、有償労働者を外部に依存することはできない。だからこそ結婚することが難しい男性の間で、無償の再生産労働者である妻へのニーズが高くなるということになる。しかし彼らが結婚することが難しいのは、自国内（往々にして先進国）の女性が結婚そのものを忌避しているからである。結果として、そのニーズが、自国以外の「伝統的な」「domestisity」を保持した発展途上国に向かうことになる。これは本書で描いてきたベトナムやカンボジア難民の男性が本国の女性を必要とする論理とまったく一緒である。ベトナムやカンボジア難民の男性たちは、全般的に「経済的に困難な」状況にあり、それに加え、本人が年齢層が高い、あるいは年齢層が高くすぐにでもケアが必要となる上に日本語のコミュニケーション能力の低い親族を抱えている場合がある。こうした彼らの「女性は自分たちのためによく働いてくれるもの」で「伝統的で従順、かつやさしい女性を妻にする」という根強いジェンダー意識が変わらずに、結果として妻を、日本女性でもなく同じような境遇のベトナムやカンボジア難民の子女でもなく本国の女性から迎えるのであれば、これは十分に「再生産労働の国際分業」の一形態であると言えよう。そして彼らはいつまでも外部からの結婚移民を必要とすることになる。

　つまり女性の移民が労働という形態を採るか、結婚という形態を採るかは、「ジェンダー・セレクティブ」な需要が、誰の、どのような需要であるのかによって決定されると言えるだろう。

労働か結婚か
二項対立から相互関連性のある分析へ

　ここまでの議論から明らかなように、「結婚移民」と「労働移民」とは、女性の移民の文脈においては二項対立的なまったく別物と捉えるのは、理論的にも実態としても難しいということが言える。本書で描いたベトナムやカンボジアの女性たちは、結婚という方法を採りながら、経済的動機を満たそうとしていた人が多数であった。だが反対に、労働者として移民をし、移民先で結婚することによって労働者からの脱出を図る女性もいるだろう。もちろん、労働者のまま単身で本国に送金をし続ける女性もいるだろうし、特に経済的な動機を持たずに文化的なルールに則って結婚移民をした女性でも結果として労働者としての役割を果たす人たちもいるだろう。しかし「移民の女性化」が進展するのは、女性らしい労働に従事する女性が大量に必要とされている、という世界規模でおきている構造的な要因によるものであり、またその女性らしい労働を達成するための移動の形態は、労働による移動だけでなく、結婚による移動もあり得る。とすれば、今後女性の移民を分析する上で重要なのは、労働移民か結婚移民かという二項対立的な視点ではない。「ジェンダー・セレクティブ」な労働に対する需要が、どのように、どういう受け手のどういうニーズによって生み出されるのか、結婚や労働が女性の出身社会においてどのような社会的評価をされているか、などによって決められるものであるという視点が重要になるだろう。つまり、「結婚移民」と「労働移民」はまったく別物ではなく、相互補完的で連続性のある現象として捉えられるべきであり、その相関関係に焦点を当てながら分析されるべきだろう。

　実際、結婚移民として日本にやってきたベトナムやカンボジアの女性たちは、ジェンダー規範や厳しい経済状況から脱出しようとしたときに、結婚と労働の双方を秤にかけ、労働という形態で提示される家事労働者の選択肢よりは、結婚の方がよい、という判断を下しているのである。そこに含まれているのは、「結婚」＝親族の関係による意思のない移動、「労働」＝

ジェンダー規範からの脱出と経済的自由、というような二項対立的な価値に基づいた判断ではないのだ。そしてもちろん、彼女たちの結婚移民という形態を、「それは家族の意思だから」というだけでも、「それがベトナムやカンボジアの封建的な文化の習慣だから」というだけでも、「グローバル化が進んで国を跨いだ男女の出会いが増えたから」というだけでも、十分に説明することにはならないだろう。結婚移民を選んだ女性たちが、どのような労働移動の選択肢があったのか（なかったのか）、送り出し国における女性が労働することに対する社会的な意味と結婚に対する社会的評価、そして女性が結婚する場合と労働する場合における社会的評価がどのように異なるのかなど、相互を補完しあうような包括的な考察が必要になる。

————「エージェンシー」を行使する者としての「結婚移民」女性
　また先にも述べたが、この事例を通じて明らかにしてきたことは、女性が「再生産労働の国際分業」というグローバルな社会構造に直面したときに、主体的に結婚を選びうること、つまり結婚移民を選択する際に「エージェンシー」を行使できるということだ。序章で述べたが、これまで「結婚移民の女性」というのは、夫についていく主体性のない（そして経済的価値のない）女性として捉えられていた。もちろん、現実的には結婚にまつわる規則は存在しているだろうし、受け入れ国と送り出し国の間に男女の極端な性比がある場合もある。ただし、それがその当然の結果として生まれてくるものではない。女性たちは、彼女たちに提示される労働と結婚の選択肢を、自分たちの社会的規範に合わせた形で主体的に選び取っている。彼女たちの「結婚を通して移民する」という決断は、限定的とはいえ、いくつかの選択肢を比較検討し、利用可能な資源を利用した上でなされている。そして行き先の検討やネットワークの検討、労働で移動する場合と結婚で移動する場合の社会的評価の比較検討を行った上で最終的には自身で結婚を決めるのだ。それはあくまで強制の結果ではなく、自身の「エージェンシー」の行使なのだ。フェミニズムの社会政治哲学が求めているのは、女性の「エージェンシー」つまり、「女性が自身で選択し行為する能力」と

記述しているが（ブリタニカ百科事典 2009）、彼女たちの結婚移民をするという決定は、この力の行使に他ならない。もちろん、彼女たちは親族が日本にいるというある種特権的なネットワークを持っていたからこそ、結婚による移動が可能だったということは否定しない。これ以外にネットワークを持っていなかったという人や、ネットワークを利用した移民の話がなければ移動しなかったと考える人もいた。そしてこのネットワークを持っていたことは、彼女たちの移動を促進する大きな要因であったことは間違いない。しかし同時に、このネットワークを利用して自分や家族の利益を得ようと決めたのは彼女たち自身なのだ。

　第 1 章で、Wright (1995) は、移民研究の「第三のモデル」として、移民が単に合理的行為者の選択の結果か構造的な強制による結果を問うのではなく、その複雑な相互作用の結果であるという見方が多勢となってきたことを示した。彼女たちの選択は、様々な構造的要因の相互作用と、彼女たち自身によるその相対化の産物だと言えよう。

　ただし、彼女たちの「エージェンシー」の行使の結果は、彼女たち自身と、彼女たちを取り巻く構造にとって二つの望まざる結果を招くこともある。一つ目は、Piper と Roces (2003) が述べているように、「女性たちの移民をするという積極的な決定が、多くの場合、違った形で女性を犠牲者にしてしまうことがあるという事実は否定できない」ことだ。Piper と Roces が想定するのは、例えば国際結婚で移民した女性たちが夫のメイドとして働かされてしまうような現状だ。本書のインドシナの女性たちは、必ずしもメイドとして働かされているわけではない。だが、出産直後から夫の母の介護をしなくてはならなかった例や、日本に来たら夫が失業していた例などは、メイドとして働くこととそれほど変わらないとは言えないだろうか。彼女たちの「エージェンシー」の行使の結果は、また別の局面での新たなジェンダー構造への編入、という望まれないものの場合もあるのだ。また、二つ目は、彼女たちの移動は、結局「伝統的」で「やさしく」「かいがいしい」妻、「自分のことよりも家族のことを第一に思って、一生懸命働く」嫁を必要とする論理をそのまま受け入れて行われるので、この論理が問われるこ

とはなく、そのまま残されるということになる。トランスナショナルな人の流れを引き起こすジェンダーによるヒエラルキーが結果的に問われないまま、それどころか、強化することにもつながるかもしれない。

　だがいずれにせよ、結婚による移動も女性の「エージェンシー」の行使の結果なのだ。すでに Piper と Roces が提起はしているものの、結婚移民の分析には、女性が主体的に結婚を選びうる「エージェント」であるという視点と同時に、労働移民との相対評価の結果として起こりうる、という視点を組み込む必要が出てくるだろう。

─────　グローバル化、移民とジェンダー、Practical Gender Needs

　経済のグローバル化とは、一部の女性にとって専門的な職業へのアクセスの確立であり、機会の拡大でもあった。しかしその恩恵にあずかれるのは、ほんの一握りの女性に過ぎない。国家間の国際競争力の激化というグローバル化がもたらした世界的な現象の中で、大半の女性に待っていたのは、より「安く」、より「女性らしい＝再生産労働」分野への「ジェンダー・セレクティブ」な大量動員だったと言える。つまり、より市場価値のつけにくい労働が女性に押し付けられると言う形で表れているのである。1970年代から80年代、先進国で女性の労働力率が向上し、自国内の女性を安い労働力として使えなくなった多国籍企業は、安い労働力を求めて、途上国で女性雇用者の大量動員を行った。これが企業活動のグローバル化がもたらした「国際分業」だった。女性の労働力率の向上や一部女性の賃金の上昇は、結果として社会全体を通して女性のジェンダー役割に対する意識の変化を招いた。その結果、今や先進国の女性が安い労働力としてだけでなく、「女性らしい＝再生産労働」の分野に参入することが少なくなり、より市場価値のつけにくい「家事労働者」や「介護労働者」、「性労働者」そして「妻」に対する需要に対し、移民女性を大量動員する必要が生じることになったのである。1980年代には Mies (1986) たちはそれを「労働の主婦化」と呼んだが、現在の移民女性の中には、現実的に主婦になる可能性を含んだ「結婚移民」や、それまで「主婦」が行うべきものと考えられてき

た「ケア労働者」を大量に含んでいるという意味で、「移民の主婦化」とも言えるかもしれない。

グローバル化とは、無言のうちに、女性に対してより女性らしくあることを常に強要する仕組みであると言える。もちろん男性が女性的な職業に就かざるを得ない場合もあるので、必ずしも女性だけが女性らしくであることを強要されるわけではない。だが、圧倒的多数の女性が女性らしくあることを強要されやすい。そしてそれは先進国の女性よりも途上国の女性に強く要請される。その結果、多くの途上国の女性たちが、自分の社会でのジェンダー規範から逃れるために国際移住を選択したとしても、結果として再び異なったジェンダー規範に直面しなければならない現実を生み出しているのである。そしてそのジェンダー規範が、往々にして、より女性が不安定な立場に追い込まれる要因でもある。

だが同時に、ジェンダー規範に則って行動することは、自身の社会的評価を押し上げるための戦略でもあり、主体性を確保するものでもある。「結婚移民」というジェンダー規範から逸脱しない方法で、結果的に送金という目的を達成すること、あるいは雇用機会の拡大を手に入れることなど、実を取るという手段も、結果的には女性の主体性を確保しているのだ。とすれば、今後も労働の分野でも「女らしさ」が求められれば求められるほど、結婚移民を選択するという女性が増えるかもしれない。

また「女らしく」あることはアイデンティティの源泉でもある。本書の対象者の女性たちが、「母であること」を日本で生きていくための自身の中心的なアイデンティティとしていったように、「女性であること」は決して負の側面ばかりを持つわけではない。移民女性にとって、より「女性的であること」に自身のアイデンティティを担保することは、一方で「女性らしさ」にもとづく脆弱性を助長する面があり、諸刃の剣であることは間違いない。ただし今目の前にある社会で、女性が「母」であること、「妻」であること、より女性らしく振舞うことは、一つの戦略ともなりつつある。これは本書の事例で取り上げた女性たちだけではなく、日本人と結婚したフィリピン人女性たちの間にもエンパワメントの方法として見られること

であり、日本に限らず移民を受け入れているその他の国でも、移民女性の戦略として散見されることである。

　Moser (1993) は発展途上国の女性のニーズを、政策立案者の視点からPractical Gender Needs と Strategic Gender Needs の双方に分けて説明した。政策立案者の視点から見て、Strategic Gender Needs とは社会構造の変革などを含むジェンダー間の平等を戦略的に目指していくことであり、Practical Gender Needs とは社会構造などの変革などをもたらすことはないが、女性の目前にある不利益を解決できるようなニーズを満たしていくことを目指す。移民の女性たちが構造的に「女性らしさ」を要請され、そのことによる不利益を被りやすいというグローバル化の進展に、真の意味で対抗していくには、移民女性がより「女性らしい」労働分野においてのみ必要とされているグローバルな「ジェンダー構造」を変革していかなければならないだろう。だが、実際には彼女たちは日々生きていかなければならない。そのときに、自ら「女性らしさ」を求められることは認識しながらも、社会的な評価も高く、同時に定住後の自身のアイデンティティにも肯定的な影響を与えやすい、結婚移民を選択することは――たとえそれが変わらない男性のジェンダー意識を強化するものであったとしても――女性たちの目前のニーズを満たすには十分であり、今後も増加していくだろう。Practical Gender Needs を満たしていくことこそ、彼女たちにとっては生きていくための Strategy– 戦略であり、彼女たちのPractical Gender Needs を求める戦略こそが、グローバル化を生き抜くための小さな抵抗なのかもしれない。

参考文献

青山薫 2007『「セックスワーカー」とは誰か――移住・性労働・人身取引の構
　　造と経験』大月書店.
アジア教育福祉財団難民事業本部 1993『インドシナ難民の定住状況調査報告』
アジア教育福祉財団難民事業本部ホームページ.
　　http://www.rhq.gr.jp/japanese/know/ukeire.html
『朝日ジャーナル』 1979 「ボートピープルの苦悩(「ニューズウィーク」誌七
　　月二日号から)」1979年7月13日号 25–26
Asian Development Bank 2008 'Gender Differences in Remittance Behavior:
　　Evidence from Viet Nam' *ADB Economics Working Paper Series.*
Asian Development Bank 2006 *Viet Nam Country Gender Assessment*
Asian Migration Center 2005 "Country Report-Cambodia", *Asian Migrant
　　YEARBOOK 2005.*
Asian Migration Center 2005 "Country Report-Vietnam", *Asian Migrant
　　YEARBOOK 2005.*
新垣正美・浅野慎一・中野藍 2003「ベトナム難民家族の青少年の生活と社会関
　　係(1)階級階層とエスニシティ」『神戸大学発達科学部研究紀要』(10)2.
新垣正美・浅野慎一・中野藍 2003「ベトナム難民家族の青少年の生活と社会関
　　係(2)階級階層とエスニシティ」『神戸大学発達科学部研究紀要』(11)3.
Basch, L., Schiller, N.G., and Blanc, C. S, 2005 *Nation Unbound: Transnational
　　Projects, Postcolonial Predicaments, and Deterritorialized Nation-States*
Bastida, Elena 2001 "Kinship Ties of Mexican Migrant Women on the United
　　States/Mexico Border", *Journal of Comparative Family Studies,* Vol. 32,
　　Issue 4.
Becker, Gary 1973 "A Theory of Marriage: Part I", *The Journal of Political
　　Economy,* Vol. 81, No. 4. 813–846.
ベトナムニュース The Watch 2008「ベトナム：晩婚と離婚増、家庭調査で明ら
　　かに」
Canadian Council For Refugees 1998 *Best Settlement Practice: Settlement Services
　　for Refugees and Immigrants in Canada,* Canadian Council For Refugees.
Citizenship and Immigration Canada 1997 Immigrant Settlement and Adaptation
　　Program (ISAP): *Handbook for Service Provider Organizations.*
Carens, Joseph 2003 'Who Should Get in? The Ethics of Immigration Admissions',
　　Ethics & International Affairs, Vol. 17 (1).
Carling, Jørgen 2005 'Gender dimensions of international migration', *Global*

Migration Perspective, Vol.35, Global Commission on International Migration

Castles, Stephen and Miller, J. Marks 1998 *The Age of Migration: International Population Movement in the Modern World,* 2nd edition, Guilford Press. 関根雅美／関根薫（訳）「国際移民の時代」名古屋大学出版会，1996．

Chan, Raymond 1999 "Taiwan's Policy towards Foreign Workers" *Journal of Contemporary Asia,* Vol. 29, Issue 3.

Chant, Sylvia and Radcliffe, Sarah 1992 "Migration and Development: the importance of gender, " Chant, Sylvia (eds), *Gender and Migration in Developing Countries,* Belhaven Press.

Chattopadhyay, Arpita 1997 "Family Migration and the Economic Status of Women in Malaysia" *International Migration Review,* Vol. 31, 338–352.

Cheng, Shu-Ju Ada 2004 "When the Personal Meets the Global at Home: Filipina Domestics and Their Female Employers in Taiwan", Frontiers – *A Journal of Women's studies,* Vol. 25, Issue 2.

Coleman, James S 1990 *Foundations of Social Theory,* Harvard University Press. 久慈利武 監訳2004．『社会理論の基礎（上）』，青木書店．

Constable, Nicole 2005 "Introduction: Cross-Border Marriages, Gendered Mobility and Global Hypergamy", in Constable, Nicole (eds), *Cross-Border Marriages: Gender and Mobility in Transnational Asia,* University of Pennsylvania Press.

江原由美子 2003「ジェンダー不平等を克服する――アンペイド・ワークに焦点をあてて」高木郁郎編『良い社会を作る――21世紀のアジェンダ』御茶の水書房．

江原由美子・山田昌弘 2008『ジェンダーの社会学入門』岩波書店．

Erenreich, B. and Hochschild, A. R 2002 "Introduction", in Erenreich, B. and Hochschild, A.R(eds), *Global Woman: Nannies, Maids, and Sex Workers in the New Economy,* Henry Holt and Company

Feller, Erika (et al) 2003 *Refugee Protection in International Law: UNHCR's Global Consultations on International Protection,* Cambridge University Press.

ファン・フイ・レー 1995「家族と家譜」坪井善明編『暮らしがわかるアジア読本 ヴェトナム』河出書房新社．

古屋博子 2004「越僑――在外ベトナム人との関係」今井昭夫、岩井美佐紀編著『現代ベトナムを知るための60章』明石書店．

古屋博子 2009『アメリカのベトナム人――祖国との絆とベトナム政府の政策転換』明石書店．

Freeman, C. 2005 "Marrying Up and Marrying Down: The Paradox of Marital

Mobility for Chosonjok Bride in South Korea" in Constable, Nicole (eds), *Cross-Border Marriages: Gender and Mobility in Transnational Asia,* University of Pennsylvania Press.

Espiritu, Yen Le 1997 *Asian American Women and Men: Labor, Laws and Love,* SAGE Publications.

外務省ホームページ http: //www.mofa.go.jp/mofaj/gaiko/nanmin/main3. html#2.

Giddens, Anthony 1984 *The Constitution of Society: Outline of the Theory of Structuration. Berkeley,* University of California Press.

Glick, Jennifer. E 1999 "Economic support from and to extended kin: A comparison of Mexican Americans and Mexican immigrants." *International Migration Review,* Vol. 33 (3).

Glenn, Evelyn Nakano 1986 *Issei, Nisei, War Bride: Three Generations of Japanese American Women in Domestic Service,* Temple University Press.

Glenn, Evelyn Nakano 1992 "From Servitude to Service Work: Historical Continuities in the Racial Division of Paid Reproductive Labor" SIGNS: *Journal of Women in Culture and Society,* Vol. 18, No. 1, 1–43.

Goodkind, D 1997 "The Vietnamese Double Marriage Squeeze", *International Migration Review* 31: 108–27.

Gordenker, Leon 1987 *Refugees in International Politics,* Billing and Sons Limited.

Gold, Steven J. 1992 *Refugee Communities,* Sage Publications

五島文雄 1994「ベトナム難民の発生原因」加藤節・宮島喬編『難民』東京大学出版会.

Guttentag, Marcia and Secord, Paul 1983 *Too Many Women? The Sex Ratio Question,* Beverly Hills, Sage.

Haas, Hein. de 2010 "Migration and Development: A Theoretical Perspective" *International Migration Review,* Vol. 44 No. 1, 227–264

Hagan, Jacqueline, Maria 1998 "Social Networks, Gender, and Immigrant incorporation: Resources and Constraints", *American Sociological Review,* Vol. 63.

Haddad, Emma 2008 *The Refugee in International Society,* Cambridge University Press.

Higman, B. W 2002 *Slave Population and Economy in Jamaica, 1807-1834,* University of West Indies Press.

法務省ホームページ 2008『出入国管理及び難民認定法施行規則』http: //law. e-gov.go.jp/htmldata/S56/S56F03201000054.html.

House, J.S, 1980, *Work Stress and Social Support*, Addisons-Wesley.

Jolly, Margaret and Manderson, Lenore (eds) 1997 *Sites of Desire, Economies of Pleasure: Sexualities in Asia and the Pacific,* University of Chicago Press.

伊藤るり 1996『もうひとつの国際労働力移動』伊豫谷登志翁編「日本社会と移民」明石書店.

海外職業訓練協会 2006「カンボジアの労働事情：労働力の国外送出について」『グローバル人づくり』第100号.

梶田孝道・丹野清人・樋口直人 2005『顔の見えない定住化──日系ブラジル人と国家・市場・移民ネットワーク』名古屋大学出版会.

神奈川県ホームページ.
　　http://www.pref.kanagawa.jp/osirase/kokusai/seisaku/toroku_data.html

かながわ自治体の国際政策研究会 2001『神奈川県外国籍住民生活実態調査報告書』

川上郁雄 2001『越境する家族：在日ベトナム系住民の生活世界』明石書店.

鎌田真弓 1985「オーストラリアのインドシナ難民政策──移民政策と外交政策の視点から」『国際関係学』通号11（別冊）.

川島慶雄 1991「インドシナ難民問題の現状と課題」『阪大法学』通号160, 161.

河村きくみ 2004「恋愛・結婚事情」今井昭夫・岩井美佐紀編『現代ベトナムを知るための六十章』明石書店.

Kibria, Nazli 1990 "Power, Patriarchy, and gender Conflict in the Vietnamese Immigrant Community", *Gender & Society,* Vol. 4, No. 1, March.

Kibria, Nazli 1993 *Family Tightrope,* Princeton University Press.

木村真理子 1997『文化変容ストレスとソーシャルサポート：多文化社会カナダの日系女性たち』東海大学出版.

Kofman, Elenore 2004 "Family-related migration: a critical review of European studies", *Journal of Ethnic and Migration Studies,* Vol. 30, No. 2, 243–262.

小泉康一 1998『「難民」とは何か』三一書房.

財団法人国際研修協力機構ホームページ　http://www.jitco.or.jp/system/hourei.html

国際移住機関 2008『日本におけるベトナム難民定住者（女性）についての適応調査』

厚生労働省 2004『人口動態統計』

倉田良樹・津崎克彦・西野史子 2002「ベトナム人定住者の就労と生活に関する実態調査──調査結果概要」Discussion Paper, No.76, 世代間利害調整プロジェクト（特定領域研究B）一橋大学経済研究所.

黒木忠正 1981「インドシナ難民と国内対策1〜4」『外人登録』通号 267–270.

La Borde, Pamela 1996 "Vietnamese; Cultural Profile" EthnMed HP (http://

ethnomed.org/ethnomed/cultures/vietnamese/vietnamese_cp.html)

Ledgerwood, Judy 1994 "Gender Symbolism and Culture Change: Viewing the Virtuous Woman in the Khmer Story" *Cambodian Culture Since,* 1975: Homeland and Exile.

Leininger, April 2002 "Working mothers in downwardly mobile Vietnamese-American households: Some Preliminary findings and hypotheses" Center on Everyday Lives of Families Working Paper.

Leung, P., Elsie Ho, Eric Cheung, Charlotte Bedford and Polly 2000 Settlement Assistance Needs of Recent Migrants New Zealand Immigration Service

Lin, N, Simeon, R.S, Ensel, W.M., and Kuo, W 1979 "Social Support, stressful live events, and illness: A model and empirical test", *Journal of Health and Social Behavior,* Vol. 20.

Light, I, Bhachu and P, Karagerogis, S, 1989 "Migration Networks and Immigrant Entrepreneurship" California Immigrants in World Perspective, *The Conference Paper, Institute for Social Science Research.*

Massey, Douglass, Espana, Felipe, Garcia, 1987 "The Social Process of International Migration" *Science,* Vol. 237.

Massey, Douglass et al, (eds) 1987 *Return to Aztlan: The Social Process of International Migration from Western Mexico,* University of California Press.

Massey, Douglass, Arango, Joaquin , Hugo, Graeme Hugo, Kouaouci, Ali, Pellegrino, Adela and J. Edward Taylor, 1993 "Theories of International Migration: A Review and Appraisal" *Population and Development Review*, Vol. 19, No. 3 (Sep., 1993), 431–466

Massey, Douglass, Arango, Joaquin , Hugo, Graeme Hugo, Kouaouci, Ali, Pellegrino, Adela, (eds) 1998 *Worlds in Motion: Understanding International Migration at the End of the Millennium*, Oxford University Press

松本基子 1985「我が国におけるインドシナ三国難民の定住状況——ベトナム・ラオス・カンボジア」『ソーシャルワーク研究』11(3).

松本基子 1986「インドシナ難民の我が国での受け入れ体制」『社会福祉』通号27号.

Menjivar, Cecilia, 1997 "Immigrant kinship networks: Vietnamese, Salvadoreans and Mexicans in comparative perspective", *Journal of Comparative Family Studies,* Vol. 28, Issue 1.

Mies, Maria 1986 *Patriarchy and Accumulation on a World Scale: Women in the International Division of Labour,* Zed Books. 奥田暁子（訳)「国際分業と女

性——進行する主婦化」日本経済評論社 1997.

宮島喬 1994「フランスにおけるインドシナ難民——その受入れと社会編入をめ
　　ぐって」加藤節・宮島喬編『難民』，東京大学出版会.

宮沢千尋 2004「ベトナムの家族・親族・家譜」今井昭夫・岩井美佐紀編『現代
　　ベトナムを知るための六十章』，明石書店

Momsen, Janet Henshall 1999 "Maids on the Move: Victim or Victor" Momsen
　　(eds), *Gender, Migration, and Domestic Service,* Routledge.

Morokvašic, Mirjana 1984 "Birds of Passage are also Women …" International
　　Migration Review, Vol 18, Issue 4 886-907

森岡清美・望月崇 1983『新しい家族社会学』培風館

Moser, Caroline 1993 *Gender Planning and Development: Theory, Practice and
　　Training,* Routledge.

内閣官房インドシナ難民対策連絡調整会議事務局 1989『インドシナ難民とわが
　　国の対応』

内閣官房インドシナ難民対策連絡調整会議事務局 1996『インドシナ難民受け入
　　れの歩みと展望——難民受け入れから20年』

内閣官房インドシナ難民対策連絡調整会議事務局 1997『インドシナ難民の定住
　　の現状と定住促進に関する今後の課題』

内閣官房インドシナ難民対策連絡調整会議事務局 1998『インドシナ難民とわが
　　国の対応』

内閣官房インドシナ難民対策連絡調整会議事務局 2000『インドシナ難民に関す
　　る諸統計表（参考）』

中野秀一郎 1996「インドシナ難民——姫路定住促進センターの経験を通して考
　　える」中野秀一郎・今津孝次郎 編『エスニシティの社会学——日本社会
　　の民族的構成』世界思想社.

日本アセアンホームページ https://www.asean.or.jp/ja/asean/

日本国際社会事業団 1983『日本におけるインドシナ難民定住状況と ISS 援助事業』

日本労働研究機構 2000「3. 国連開発計画、ベトナム人女性・児童の海外への人
　　身売買増加を警告」『海外労働情報』
　　http: //www.jil.go.jp/jil/kaigaitopic/2000_08/betonamuP03.html

日本労働研究機構 2002「2002年上半期の雇用と労働所得」『海外労働情報』
　　http: //www.jil.go.jp/jil/kaigaitopic/2002_11/vietnamP01.html

西野文子・倉田良樹 2003『日本におけるベトナム人定住者の社会的統合』一橋
　　大学経済研究所ワーキングペーパー, No.74

西尾桂子 1988「姫路・大和定住促進センターおよび国際救援センターにおける
　　インドシナ難民に対する日本事情教育」『日本語教育』通号65

野津隆志 2007『アメリカの教育支援ネットワーク——ベトナム系ニューカマー
と学校・NPO・ボランティア』東信堂.

Neuwirth Jones, and Eyton J. 1989. "Immigrant Settlement Indicators: a feasibility
study" Employment and Immigration Canada.

Oxfeld, E 2005 "Cross-Border Hypergamy? Marriage Exchanges in a Transnational
Hakka Community" in Constable, Nicole (eds), *Cross-Border Marriages:
Gender and Mobility in Transnational Asia,* University of Pennsylvania Press

Palriwala, Rajani and Uberoi, Patricia 2008 Marriage, Migration and Gender:
Women and Migration in Asia.

Parrenas, Rhacel Salazar 2001 *Servants of Globalization,* Stanford University Press

Pfeifer, Mark 1999 *"Community", Adaptation and the Vietnamese in Toronto*, Joint
Centre of Excellence for Research on Immigration and Settlement, HP.
(http: //ceris.metropolis.net/Virtual%20Library/community/pfeifer2/
pfeifer2front.html).

Piper, Nicola and Roces, Nina 2003 "Introduction: Marriage and Migration in an
Age of Globalization" in Piper, N and Roces, M (eds), *Wife or Worker? :
Asian Women and Migration,* Rowman & Littlefield Publishers, Inc.

Reniers, Georges 2001 "The Post Migration Survival of Traditional Marriage
Patterns: Consanguineous Marriage among Turks and Morroccans in
Belgium," *Journal of Comparative Family Studies,* 32(1), 21–40.

桜井厚 2002『インタビューの社会学』せりか書房.

Sassen-Koob, Saskia 1983 "Labor Migration and the New Industrial Division of
Labor", in June, N and Fernandez-Kelly, M.P (eds), *Women, Men and the
International Division of Labor,* State University of New York Press.

Sassen, Saskia 1984 "Notes on the Incorporation of Third World Women into
Wage Labor through Immigration and Offshore Production", *International
Migration Review,* 18(4), 1144–1167.

Sassen, Saskia 1991 *Global City: New York, London, Tokyo,* Princeton University
Press.

Sassen Saskia 1995 "Immigration and local labor markets" in A. Portes (eds.),
*The Economic Sociology of Immigration: Essays on Networks, Ethnicity, and
Entrepreneurship,* Russell Sage Foundation.

佐竹眞明、メアリー・アンジェリソン・ダアノイ 2006「フィリピン—日本国際
結婚：多文化共生社会」めこん

Schmidt, Ron 2007 "Comparing Federal Government Immigrant Settlement
Policies in Canada and the United States" *American Review of Canadian*

Studies, Vol.37, Issue 1.

関口明子 1994「日本定住児童の日本語教育──インドシナ難民児童の多様な言語背景日本語習得」『日本語教育』通号 83.

志賀照明 2005「ベトナム難民のグローバル・ネットワーク──神戸を事例として」『兵庫地理』(50).

Southeast Asia Resource Action Center 2004 *Southeast Asian American Statistical Profile*

鈴木美奈子 2003「難民経験と世代間関係──在日カンボジア家族の事例を中心に」『年報社会学論集』第16号 52–64.

Suzuki, Nobue 2002 "Gendered Surveillance and Sexual Violence in Filipina Pre-migration Experiences to Japan" in Brenda S. A. Yeoh, Peggy Teo, and Shirlena Huang (eds), *Gender Politics in the Asia Pacific Region,* Routledge.

竹田いさみ 1990「オーストラリアの「難民政策」形成とインドシナ難民問題 上中下」『海外事情』38 (10) –38(12).

Takkenberg, Lex 1998 The Status of Palestinian; Refugees in International Law Clarendon Press.

田中信也 1994「日本の難民受け入れ」加藤節・宮島喬編『難民』東京大学出版会

丹慶能介 2006「[コラム] もっと知りたいベトナム」
http: //www2.ttcn.ne.jp/~taktplus/54columnmore_eroi.html.

Thadani, V. N. and Todaro, M.P, 1984 "Female Migration: A Conceptual Framework" in Fawcett, J. T et al (eds), *Women in the Cities of Asia: Migration and Urban Adaptation,* Westview Press.

Thai, Hung Cam 2005 "Clashing Dreams in the Vietnamese Diaspora: Highly Educated Overseas Brides and Low-wage U.S. Husbands" in Constable, Nicole (eds), *Cross-Border Marriages: Gender and Mobility in Transnational Asia,* University of Pennsylvania Press.

Thai, Hung Cam 2008 *For Better or For Worse: Vietnamese International Marriages in the New Global Economy,* Rutgers Univ. Press.

Thanh-Dam, Truong 1996 "Gender, International Migration and Social Reproduction: Implications for Theory, Policy, Research and Networking" *Asian and Pacific Migration Journal,* Vol. 5, 27–51.

Thanh, Van, Tran 1985 *Social Support and Alienation among Vietnamese Americans: Implications for Refugee Policy-Making and Resettlement,* UMI Dissertation Services, A Bell & Howell Company.

Tindall, D.B and Wellman, Berry, 2001, "Canada as Social Structure: Social

Network Analysis and Canadian Sociology", *Canadian Journal of Sociology*, 26(3), Fall.

戸田佳子2001『日本のベトナム人コミュニティ』暁印書館.

Todaro, M. P, 1969 "A Model for Labor Migration and Urban Unemployment in Less Developed Countries", *American Economic Review*, Vol. 59, Issue 1, 138–48

Todaro, M. P, and Harris, J. R. 1970 "Migration, Unemployment and Development: A Two-Sector Analysis", *American Economic Review*, Vol. 60, No. 1, 126–142

富田法律事務所　「アメリカ移民法専門サイト」(www.TomitaLaw.com)

Troung, Thanh Dam 1996 "Gender, International Migration and Social Reproduction: Implications for Theory, Policy, Research and Networking", *Asian Pacific Migration Journal,* Vol. 5, No. 1, 1996, 27–52.

上野千鶴子1991『家父長制と資本制──マルクス主義フェミニズムの地平』岩波書店.

上隅清孝1994「インドシナ難民の我が国への定着──アジアからの定住難民を「隣人」として迎える」『刑政』105(4)

US Homeland Security HP (http://www.dhs.gov/index.shtm).

UNESCO Institute for Statistics HP　http://data.uis.unesco.org/

Vietnam Country Studies, 2001, HP (http://www.country-studies.com/vietnam/)

ベトナム女性連合 2000『ベトナムの女性、アジアの女性シリーズ No.7』(財)アジア女性交流・研究フォーラム.

Waite, L. J. 1995 "Does Marriage Matter?" *Demography*, Vol. 32, No. 4, 483–507

World Bank 2006 Vietnam Country Gender Assessment.

Williams, L., and Guest, M.P 2005 "Attitudes Toward Marriage Among the Urban Middle-Class in Vietnam, Thailand, and the Philippines" Journal of Comparative Family Studies, Vol. 36, No. 2, 163–186

Wright , Caroline 1995 "Gender Awareness in Migration Theory: Synthesizing Actor and Structure in Southern Africa" in Willis, Katie Yeoh, Brenda (eds), Gender and Migration, Edward Elger Publishing.

山田寿賀　US ビザサポート　(http://www.mtbookusvisa.com/visa/003_04_1/)

山瀬直子 2005「貧困と伝統の中の女性の生き方──カンボジア社会と女性」『創価大学大学院紀要』第27号、161–177.

吉田弥寿夫・湯川純幸 1983「インドシナ難民に対する日本語教育」『言語生活』、通号376.

Zlotnik, Hania 1995 'Migration and the Family: The Female Perspective' *Asian and Pacific Migration Journal,* Vol. 4, 253–271.

Zlotnik, Hania 2003 'The Global Dimension of Femal Migration' Migration Information Source (http://www.migrationinformation.org/)

Zolberg, Aristide R (et al) 1989 *Escape from Violence: Conflict and the Refugee Crisis in the Developing World*, Oxford University Press.

索　引

あ行

は行

ま行

や行

あとがき

　本書は、2010年に東京都立大学に博士学位を請求するために執筆した論文に加筆修正してまとめたものである。特に聞き取り調査については、2008年から2009年に行われたものである。

　筆者の研究関心は、博士課程に入学した当初はタイから来た移住女性、特に1990年初頭人身取引で来日していた女性たちにあった。修士論文のテーマであったのだが、博士課程に入り、調査をしながら研究をしたいと考えていた。当時は、彼女たちが在住している地域として知られていたのが茨城県や長野県などであり、筆者の自宅からは離れていた。そのため調査研究をするには、物理的な問題があったこと、それに何よりタイ語ができないという、コミュニケーション上の問題があったため、なかなか研究が進まない状態だった。

　調査の限界に頭を悩ませている間に、夫がカンボジアに赴任するということになった。夫の「お手伝いさんに子どもを任せて、本を読んだり現地で調査をしたりすればいいよ」という甘言に乗せられ、当時2歳半と半年だった子ども2人を連れて、博士課程を休学しカンボジアに行くということになった。もちろん、カンボジアの言葉もわからない、子どもを預けるにも、お手伝いさんになつかない子どもの世話をせざるを得ない、という状況で、思うように調査ができるはずもなかった。

　ただ、カンボジアに行ったことで、片言のカンボジア語ができるようになったこと、そして本書にも書かれているが、カンボジアで出会った人の中に「日本に親戚がいる」という一言を発した人がいたおかげで、その後15年以上続く研究テーマを見つけることとなったのである。帰国後すぐに、調査地に赴き、ボランティアと調査を始めるようになった日のことをよく覚えている。

　その後も、博士論文執筆までも大変な時間を要した。調査地に入り、いわゆる観察を通してさまざまな対象の人たちの話を、インタビューという形ではなく、さまざまな形で聞くようになり、なおかつ大変興味深い事象にたくさん出会うと、今度は何をデータとしてまとめ、それをどのような

理論づけで説明していくのかが、困難だった。特に自分の関心は、人の国際移動とジェンダーだったのだが、自分が話を聞いている女性たちの経験を、どのようにジェンダーの視点から記述すればよいのか、なかなかその答えを見出せなかったのである。その結果、博士論文をまとめるまでに、入学から10年の月日を要することになった。

そして、このような状況で、ぱっとした成果を上げることのない学生を、決して見放さず、博士論文執筆まで指導してくださった、指導教官の江原由美子先生には、感謝申し上げたい。筆者は修士課程修了後に、江原先生の著書を読んで、ぜひ江原先生に指導していただきたいと思って都立大学に入学した。社会学の訓練がまったく足りていない、押しかけの学生を、快くお引き受けくださり、あきらめずに指導していただき、感謝してもしきれない。

筆者の東京都立大学入学後に、偶然赴任していらした、副査の丹野清人先生も、研究の方向性に悩んでいるとき、適切な励ましと指導をいただいた。「カンボジアやベトナムの嫁」をテーマにしていこうと思ったのは、丹野先生の助言のおかげだった。また、特に移民研究の分野で（ご本人は外国人が研究関心ではないとおっしゃるものの）、そしてなによりフィールドワークで、膨大なご経験をお持ちだった丹野先生が、同じ大学にいてくださることが、大きな励みになったことは間違いない。心から感謝を申し上げたい。

カンボジアから帰国した際、急に押しかけて活動に参加させてくれ、調査の場として認めてくれた、多文化まちづくり工房代表の早川秀樹氏にも、感謝をしたい。この博士論文が完成したのは、ひとえにここでの活動と観察のたまものであり、そして現在に至るまで、研究の意欲の源泉を提供し続けてくれている。ここで出会った、グエン・ファン・ティ・ホアンハーさんと、伊東クリスナさんは、今でも友人として、私を支えてくれている。

そして何より、私に貴重な経験を話してくれた、ベトナムとカンボジアの女性たちには、大変感謝している。いまだに会えば、おしゃべりをし、近況を尋ねあう人たちもいる。

また、博士論文を出版する機会をくださった、ハーベスト社の小林社長には、やはり心から感謝を申し上げたい。博士論文が出来上がってから、

すぐに原稿を読んでいただき、出版の準備にかかっていたものの、筆者の仕事が（就職などそのほかの個人的な雑事のために）あまりにも遅いために、出版までにさらに10年近くを要してしまった。多大なご迷惑をおかけしたことをお詫びしたいが、2019年に帰らぬ人となってしまった。今回の出版はそのお父上の遺志を継いでくださった、お嬢様の高尾しおりさんが手がけてくれた。小林社長にこの本の出版の完成を見届けていただくことができなかったことだけは、痛恨の極みだ。

　このように、博士論文提出から、本書の出版までには、相当の時間を要してしまった。本書を手にした読者にお詫びしたいことは、時間がたってしまった故に、当時と現在とでは、日本に在留する、特にベトナム人の状況が大きく変わってしまったことである。筆者も、この10年でベトナム人が10倍近くに増えるとは予想もしていなかった。また、ベトナム難民を含むインドシナ難民の研究も、当時と比べて大きく進んでいる。そうした成果が、残念ながら反映できていない。そのことについては、今後、筆者も研究を重ね、改めて世に送り出すことができるよう、研さんを積む所存でいる。

　最後に、カンボジアに行く機会を提供し、常に研究に理解を示し、また論文執筆時には励ましてくれた夫、長谷部貴俊に、そして研究の間、子どもたちをわが子のように育ててくれた両親に、感謝をささげたい。

　なお本書は文部科学省科学研究費科学研究費助成事業（基盤研究(C)17K04119）：研究課題名「日本における難民の編入モードに関する定性的研究——インドシナ難民の事例から——」により助成を受けて出版している。

2021年2月16日

長谷部　美佳

著者略歴

長谷部　美佳（はせべ　みか）

東京都立大学社会科学研究科社会学博士課程満期退学。
社会学博士。
現在、明治学院大学 教養教育センター 准教授。
専門は、ジェンダーと移民、多文化共生論、ボランティア学。
主要業績
　書籍掲載論文「『外国人受け入れ』反対論を乗り越えるには：多文化まち
　づくり工房の事例から」長谷部美佳、受田弘之、青山亨（編著）『多文化
　社会読本：多様なる世界、多様なる日本』(2016年、東京外国語大学出版
　会)、「日本在住ベトナム難民第二世代の編入モードについて——1.5世
　代の教育達成と支援者の役割に注目して」渡戸一郎、塩原良和、長谷部
　美佳、明石純一、宣元錫（編著）『変容する国際移住のリアリティ：編入
　モードの社会学』(2017年、ハーベスト社)、「中国帰国者、インドシナ難
　民に対する初期指導と課題」移民政策学会設立１０周年記念論集観光委
　員会（編）『移民政策のフロンティア』(2018年、明石書店)、「インドシナ
　難民——現在・過去そして展望」駒井洋監修、小林真生（編）『変容する移
　民コミュニティ』(2020年、明石書店) など。

結婚移民の語りを聞く
　——インドシナ難民家族の国際移動とは——
けっこんいみんのかたりをきく
いんどしななんみんかぞくのこくさいいどうとは

発　行—— 2021年3月31日　第１刷発行
　　　　——定価はカバーに表示

　　　　©　著者　長　谷　部　美　佳
　　　　　発行者　小　林　千　鶴　子
　　　　　発行所　ハーベスト社
〒188-0013　東京都西東京市向台町 2-11-5
　　　　　　　電話　042-467-6441
　　　　　　　振替 00170-6-68127
　　　　http://www.harvest-sha.co.jp
　　　印刷・製本　㈱日本ハイコム
　　落丁・乱丁本はお取りかえいたします。
　　　　　　Printed in Japan
　　ISBN978-4-86339-113-0 C3036
　　　　　©Mitsuko Ono, 2020

新刊 ....

大都市東京の「多文化空間」で生きる人びと
新宿・大久保の 24 時間保育園の記録
大野光子著
A5・本体 ¥2800　978-486339-112-3

争点としてのジェンダー　交錯する科学・社会・政治
江原由美子・加藤秀一・左古輝人・三部倫子・須永将史・林原玲洋　共著
A5・本体 ¥2600　978-486339-111-6

応答する〈移動と場所〉　21 世紀の社会を読み解く
伊豫谷登士翁／テッサ・モーリス＝スズキ／吉原直樹　編
四六・本体 ¥2400　978-486339-110-9

人工知能の社会学　AI の時代における人間らしさを考える
佐藤裕著
四六・本体 ¥2200　978-4-6339-109-3　　　　　　　　　　リベラ・シリーズ 12

ジンメルの論点
徳田剛・杉本学・川本格子・早川洋行・浜日出夫著
A5・本体 ¥2400　978-4-86339-101-7

平和のための闘い
W・E・B・デュボイス著　本田量久訳
A5・本体 ¥2800　978-486339-102-4

オンデマンド出版にて重版決定
性同一性障害のエスノグラフィ　性現象の社会学
鶴田幸恵著
A5・本体 ¥2700　978-486339-015-7　　　　　　　　　　質的社会研究シリーズ

教育／子ども
子どものジェンダー構築　幼稚園・保育園のエスノグラフィ
藤田由美子著
A5・本体 ¥2700　978-486339-067-6　　　　　　　　　　質的社会研究シリーズ 8
地域／都市／エスニシティ

ストリート・ワイズ
人種／階層／変動にゆらぐ都市コミュニティに生きる人びとのコード
イライジャ・アンダーソン著　奥田道大・奥田啓子訳
A5・本体 ¥2800　978-4-93855-163-6

ハーベスト社